张友鸾作品系列

古译佛经寓言选

张友鸾　选注

商务印书馆
创于1897 The Commercial Press

2016·北京

图书在版编目(CIP)数据

古译佛经寓言选 / 张友鸾选注. —北京：商务印书馆，2015（2016.2重印）
（张友鸾作品系列）
ISBN 978－7－100－11170－6

Ⅰ. ①古… Ⅱ. ①张… Ⅲ. ①佛经－故事 Ⅳ. ①B94-49

中国版本图书馆CIP数据核字（2015）第060261号

古译佛经寓言选
（张友鸾作品系列）
张友鸾　选注

商 务 印 书 馆 出 版
（北京王府井大街36号　邮政编码 100710）
商 务 印 书 馆 发 行
三河市尚艺印装有限公司印刷
ISBN 978－7－100－11170－6

2015年4月第1版　开本 880×1230 1/32
2016年2月北京第2次印刷　印张 5 1/8

定价：36.00元

序

/ 周绍良

寓言的定义不知该怎么下，大致上总是同古代的活跃的思辨有关：为了说理，设计一个富有启发性的简单故事，把所要说的理寓托在里面。它不能代替论证，但是可以比论证给人更强的印象，古代的思想家特别爱用这种方法。所以希腊有伊索寓言，中国有先秦诸子寓言，这些都是人类思想史、文学史上的瑰宝。

中国汉代以后，儒术独尊，思辨日益僵固，寓言也随之衰竭。幸而佛教经典的翻译，又给我们输入了大量的古印度的寓言。鲁迅先生说："尝闻天竺寓言之富，如大林深泉，他国艺文，往往蒙其影响。即翻为华言之佛经中，亦随在可见也。"（《集外集·痴华鬘题记》）他不仅对佛经寓言做了这样高的评价，并且捐资刻了《百喻经》以为实际的提倡。

但是，先哲的提倡，一直没有得到继承发扬，汉译佛典中大量的寓言，一直没有人搜集整理。三藏十二部浩如烟海，整理起来有很大的难度，恐怕是一个重要原因。

张友鸾同志和我是人民文学出版社古典文学编辑部的老同事，他是作家，又是古典文学研究者，深深知道佛经中这些寓言不仅可供中国作家借鉴，而且对中国当代某些症结颇具有针对性。像“瞎子摸象”这样的寓言，不是正好使那些思想僵化和自以为高明的主观主义者深思一下吗？像“见远不见近”这样的寓言，不是正好照出了那些自称有理论上的望远镜，却辨不清眼前的白黑的人们的矛盾可笑吗？于是他在搜辑选录先秦寓言之后，又开始从佛经中选辑寓言。

张友鸾同志自从 1962 年由人民文学出版社退休，一直专力于此，由我代他设法借书，他在读选的同时，逐为做注释。可惜没有几年，“文化大革命”开始，他只好停止。十年浩劫过去之后，人已经老了，寒灯夜读的精神不能继续下去了，他原想把整个一部《大藏经》翻一遍，但已经力不从心，只有罢手。所以选录出来的寓言只有初步这一点。

友鸾同志比我大十二岁，他搞古典文学整理工作，尤其注意大众文学和幽默文学，其选辑佛经寓言也基于此。他颇同意沈从文先生的那种看法：“这些带有教训意味的故事，篇幅不多，却常在短短篇章中，能组织极其动人的情节。主题所在，用近世眼光看来，与时代潮流未必相合。但故事取材，上自帝王，下及虫豸，故事布置，常常恣纵不可比方。只据支配材料的手段组织故事的格局而言，实在也可以作为谈‘大众文学’、‘童话教育文学’以及‘幽默文学’者参考。”（《月下小景·题记》）现在他的这本小书即将出版，因为我是当日借书人，一定要我写几句话，以志因缘，因拉杂写了这些，实不克当友鸾兄的盛意。

1986 年 12 月 14 日

（原载于张友鸾选注《古译佛经寓言选》，人民文学出版社，1998 年 1 月版）

前言

/ 张友鸾

一

魏、晋、南北朝时期，我国译书事业最为昌盛，所译的多为佛经。原文主要根据印度古文字——梵文，也旁及当时西域诸国文字。

翻译家们大都是高僧，有中国人也有外国人。他们由国外搬来了大量佛经原文，在中国设立译场，把它们一部部译成汉文。

佛经是佛教经典，是佛教徒用来宣扬佛教教义的工具。翻译者认为译经是至高无上的神圣工作，在翻译过程中，他们字斟句酌，严谨从事。既要求译文忠实原文，又要求译文典雅而通俗，适于阅读又适于吟唱。早先用直译法，后来用意译法，最终是用直译与意译结合的译法。他们苦心钻研，总希望一步步达到尽善尽美的境界。

汉文佛经译得很成功，不论文化程度深浅的人都能接受，而且僧俗咸宜。善男信女们纷纷捐资刻板印刷，许多地方都成立了“刻经处”。书卖得很便宜，有时甚至完全赠阅。买书名为“请经”，付书款名为“布施”，买书送人名为“结缘”，自己阅读或收藏名为“供养”。总而名之，都是“功德”。

由于以上种种原因，一两千年以来，汉译佛经得到广泛流传，绵亘不断。岁月久远，有些原文佛经，在各自本国已然湮失，多幸汉译本存在，就据以转译为外文。原来从国外输入的，反过来却输出到国外，一来一往之间，显然是互为影响的。可以说，汉译佛经是有自己的生命的。

二

一切有关宗教教义的宣传文字，目的都在阐明它所认为是真理的那些抽象的道理。

抽象的道理是很难直接解说清楚的。为了让人们懂得那些道理，能够接受、信服并深刻地记住那些道理，最好的办法就是用生动、具体的事实作比喻。把抽象的道理形象化，人们就容易接受、理解，轻易不会忘记了。

历史故事和传说，人们都非常熟悉，用它们来比喻那些抽象的道理，最为方便不过了。因此，佛经和其他的宗教经文一样，大量引用了历史故事和传说。

但是，抽象的道理是层出不穷、漫无边际的，历史故事和传说虽多，却总有一定限量；而且，有些抽象的道理，有时又很难找到恰如其分的历史故事和传说作比喻。在这种情况之下，便产生了“人为的故事”，作为代替。

所谓“人为的故事”，就是人们想象出来的各种情节的有机统一，是虚构的产物。它看起来像是真的，其实在生活中不一定发生过；说它是假的吧，却又符合生活真实，并反映了实际生活经验——这就是寓言。

寓言是一种常见的文学形式，其特点是通过具体的故事情节，言在此而意在彼，用来达到说明抽象道理的目的。用寓言去比喻抽象的道理，可以运用自如而又十分贴切。它不但能弥补历史故事和传说在比喻上的不足，而且大大增加了说服力。

这就是佛经中除了引用历史故事和传说之外，又大量引用寓言的目的所在。

三

佛教的哲学思想体系是唯心主义的；佛经和其他任何宗教典籍一样，主旨在于宣扬主观唯心主义的教义。但这并不是说，佛经中的寓言也一定是主观唯心主义的产物。因为佛经寓言是采用因事立说的方法，通过一个个生动、有趣的故事来阐明佛理，而故事则必须以现实生活中的人、物、事为基础。越是成功的寓言，它所模拟的人、物、事就越要合乎生活的真实，合乎客观规律，这样才能使人相信，才能具有说服力。

佛经寓言既然是故事，它必定要以客观世界和现实生活为描摹对象，那么它的客观作用也就往往是教人正确认识事物规律，正确总结生活经验。所以，尽管佛经从本质上讲是主观唯心主义的，但它用以比喻的寓言，却往往包含了唯物主义和辩证法的因素。“空中楼阁”这句成语，人们都很熟悉。佛经寓言里就有这个故事，它告诉人们：没有物质基础、违反客观现实的事，是根本行不通的。这就反映出明显的唯物主义思想。再如人们熟知的《瞎子摸象》的故事，也出自佛经寓言。这则寓言说明：事物有全局和局部两方面，虽然全局是由局部组成的，但是如果只看到局部而看不到全局，就会犯主观片面性的错误。这不又反映出辩证法的观点吗？

当然，佛经寓言的创作意图是在宣扬佛理，所以总要提醒人们注意它的本意所在。有些佛经寓言，在后面有这样的偈语：“戏笑如叶裹，实义在其中；智者取正义，戏笑便应弃。”就是说，寓言故事不过是“戏笑”，“正义”（即佛理）包藏在里边；要紧的是透过寓言去理解“正义”，寓言本身是无关紧要的。佛经还常对寓言做出种种牵强附会的解释，把寓言内容强行纳入佛理，至于解释是否合乎寓言的客观意义，就不管了。这样往往歪曲了寓言的实际含义，湮没了寓言的唯物主义和辩证法成分。所以我们说，寓言故事本身是成功的，而用它来阐述佛理则是不成功的，从教义出发对它做出牵强附会的解释，更是不成功的。

鲁迅先生在 1926 年就指出：“尊者造论，虽以正法为心，譬故事于树叶，而言必及法，反多拘牵……出离界域，内外洞然，智者所见，盖不惟佛说正义而已矣。”我们应该像鲁迅先生说的那样，清除附在佛经寓言之上的种种唯心主义的说教，还它本来的面目。

四

中国古代寓言源远流长，在中国文学史乃至世界寓言史上都占有突出的地位。特别是在先秦时代，随着诸子百家的兴起，中国寓言达到空前的繁荣。

但是，到了魏、晋、南北朝时，人们思想和社会风气的改变，加上文言小说的兴起，使寓言渐趋式微。在这种情况下，大量的佛经传入中国，译成汉文。在文坛上，代替先秦、两汉寓言而昌盛一时的，就是佛经寓言。

佛经寓言是古代印度（古称天竺）人民智慧和经验的结晶，鲁迅称赞它是“大林深泉”。这些寓言，或拟人，或托物，或褒扬，或讽刺；有的优美，有的朴素，有的诡谲，有的幽默。真可谓洋洋大观，多姿多彩。

世界上各民族的文学，从来是在相互吸收和融合的过程中发展的。中国文学曾经给世界文学以巨大影响，世界文学也大大丰富了中国文学的宝库。佛经寓言一经传入中国，就立即给中国文学注入了新鲜血液。有的佛经寓言，我们可以在更早的中国文学作品中发现它的影子。如佛经寓言中《画水求盂》的故事，就与我国先秦的《吕氏春秋》中《刻舟求剑》的故事相类。不过一为失盂、一为失剑，一为画水、一为刻舟罢了。在一些中国文学作品中，有某种比喻，却没形成完整的故事情节；而在佛经寓言中，我们能发现与之意义相同的完整故事。如“鱼目似珠”（或“鱼目混珍”、“鱼目混珠”）这句话，早就在中国作品中出现了，但它仅仅作为比喻，并没有具体的故事情节。而在佛经中，我们就能看到和这个成语意义完全相同的完整故事。上述情况，说明中、印两个民族在文化渊源、民族心理上，有相同或相似之处。而最常见的情况，则是魏、晋、南北朝以后的许多中国文学作品，吸收和融合了佛经寓言，有的作品，干脆就直接袭用了佛经寓言的题材和内容。有许多佛经寓言，混入到中国的文学作品中。这方面的例子，真是举不胜举。鲁迅先生的《中国小说史略》，即举出中国南朝梁的《续齐谐记》中《阳羡书生》一篇，证实该文内容系出于《旧杂譬喻经》中的寓言。所以他说：“魏晋以来，渐译释典，天竺故事亦流传世间，文人喜其颖异，于有意或无意中用之，遂蜕化为国有。”像鲁迅先生说的这种情况，几乎在历朝历代的中国文学作品中都能发现。

特别值得一提的是，佛经寓言中有个《二母争儿》的故事，这个故事的情节，后来被元人李行道移植到元杂剧《灰阑记》中，把它演成了包公判案的故事。18世纪，《灰阑记》被译成法文，传到欧洲。1945年，德国大戏剧家布莱希特，又据此剧写成著名话剧《高加索灰阑记》。人们一般都注意到《灰阑记》对西方文学的影响，却没注意到《灰阑记》却是脱胎于佛经寓言。

佛经寓言所使用的通俗的说经方法，给了中国通俗文学的发展以巨大影响，像敦煌文学中的唐代变文、讲经等，都可以看到它的影响。

佛经寓言传入中国，一方面影响着中国文学，一方面也逐渐融入了中国本民族的特色，最终成为中国文学的一部分。

五

既然佛经寓言给中国文学的发展以巨大影响，对佛经寓言进行深入的研究，以之与中国的文学作品相对照、比较，就有助于进一步了解中国文学发展的历史轨迹，探明其内在和外在的因素。这就需要进行搜集、整理的工作。不过，佛经卷帙浩繁，其中的寓言是非常之多的，要想将这些寓言收集齐全，不言而喻是很困难的。而为了对照、比较，要在浩如烟海的中国古代典籍中去搜寻相应的资料，就更是浩大的工程了。前辈学者，不乏有欲做此项工作者。吾师许地山先生博学多才，精通梵文，曾有此夙愿。

可惜由于种种原因，未能实现。

我不揣谫陋，意在继续前辈未完成的工作。二十年前，开始动手。不想才有些眉目，赶上了十年浩劫，工作被迫停止。风波稍息，再作冯妇，却苦于找不到书，而原有的书早已扫地出门了。及至浩劫过去，可以放心放手做这项工作时，却已年逾八十，精力日衰，更加双眼病废，真正是心有余而力不足了。草草完稿，终不逮当初计划。因此，现在能够呈献给读者的，只能是极少的一部分，而且是初步的。先行把这初步的一小部分编印出来，无非是抛砖引玉的意思，以待来者续成。

我不通梵文，对于佛学亦无研究，加以资料收集不全，见识也不广，注释文中，必多谬误，只有敬待读者指正。

1984年10月

（原载于张友鸾选注《古译佛经寓言选》，人民文学出版社，1998年1月版）

目录

《佛说义足经》
摸象 / 1
《旧杂譬喻经》
梵术 / 4
鹦鹉救火 / 7
鬼怕恶人 / 10
《佛说群牛譬经》
驴入牛群 / 12
《法句譬喻经》
一捧水比大海多 / 14
《佛说大鱼事经》
小鱼不听大鱼言 / 16
《天尊说阿育王譬喻经》
不识宝斧 / 18
贱买智慧 / 19
《那先比丘经》
偷瓜贼 / 21
大火烧城 / 22
牛奶变酸醋 / 23
羹味 / 24
《僧伽罗刹所集经》
犊皮诱乳 / 25
《大庄严论经》
不种不获 / 26
猫儿问食 / 28
种果得果 / 28
欢迎 / 29
《大智度论》
好衣吃好食 / 32
吃盐 / 33
灯光 / 34
群兽过河 / 35
狮子割肉 / 37
《出曜经》
大海三鱼 / 38
夫妇盲目复明 / 39

伐毒掘根 / 40
牧牛 / 41
笼鸟减食 / 41
骂牛 / 42
不知死活 / 43
驹慕猪食 / 44
水泡花鬘 / 45
《众经撰杂譬喻》
宝瓶 / 46
战马习磨 / 47
见远不见近 / 49
网鸟 / 50
赤真珠的来处 / 51
《杂譬喻经》
演奏者和欣赏者 / 53
木工和画工 / 54
脚踏贵人口 / 55
良医得重酬 / 56
狂人国 / 59
新王 / 60
热马屎涂鞭伤 / 61
蛇头蛇尾争大 / 62
两个卖奶人 / 63
圣医死药草哭 / 64
《长阿含经》
麻、棉、白银和黄金 / 66
吹法螺 / 68
小儿守火 / 69
戴粪 / 70
《杂阿含经》
三瓮盛水 / 71
猫狸吞鼠 / 72
《杂宝藏经》
派老父看门 / 73
一鸟二头 / 74
自业力活 / 75
学说好话 / 78
鹳雀衔草 / 79
乌鸦苦肉计 / 80
《方便心论》
一词四解 / 82
《贤愚经》
母子马 / 84
蛤蟆捕虫 / 85
二母争儿 / 86
《福盖正行所集经》
二鬼争宝 / 88

《说法经》
守树待肉 / 90
吠井投井 / 91
《大乘宝要义论》
独眼龟钻木孔 / 92
《百喻经》
挤牛奶 / 94
光头挨打 / 96
葬子 / 96
夸父 / 97
盖楼 / 98
杀子显先知 / 99
扇汤止沸 / 100
爱发脾气的急性人 / 100
公主吃药暴长 / 101
甘蔗汁浇甘蔗田 / 102
讨债 / 102
悬骆驼上楼剥皮 / 103
画水求盂 / 103
剜肉补肉 / 104
杀子求子 / 105
炒芝麻下种 / 105
模仿国王眨巴眼 / 106
给老婆换鼻梁 / 107
牧羊人 / 107
驴造陶器 / 108
缩地送水 / 109
仙眼 / 110
失一牛杀群牛 / 111
秃不治秃 / 111
最后半饼解饥 / 112
学鸳鸯叫 / 112
治驼背 / 113
一婢五主 / 114
悦耳的声音 / 114
平分遗产 / 115
吃山鸡治病 / 115
门里鬼和门外鬼 / 116
深通行船法的人 / 117
夫妻赌饼 / 117
买果 / 118
马尾 / 119
骆驼头入瓮中 / 119
坐轿播种 / 120
剜眼防疼 / 121
猴子拾豆 / 121
雌雄二鸽 / 122

《佛说兴起行经》

老财请医 / 123

两个大力士摔跤 / 124

《杂譬喻经》（后汉）

群猴跳海 / 126

瓮中人影 / 127

《三藏法师传》

狐见狮子 / 129

《法苑珠林》

野狐饮水 / 130

群鸟推王 / 131

双雁衔龟 / 133

《大集地藏十轮经》

驴蒙狮皮 / 134

《元阳妙经》

奶汁的颜色 / 135

《佛说生经》

巧工 / 136

马和驴 / 138

《大方等大集经》

烈火斗干柴 / 140

《长者音悦经》

秃鹫唱歌 / 141

《玉清经》

鱼目充珠 / 143

摸象

过去久远，是阎浮利地有王，名曰镜面[1]，时敕使者："令行我国界无眼人[2]，悉将来[3]至殿下。"使者受敕即行，将诸无眼人到殿下，以白王。王敕大臣："悉将是人[4]去，示其象。"臣即将到象厩，一一示之，令捉[5]象。有捉足者、尾者、尾本[6]者、腹者、胁者、背者、耳者、头者、牙者、鼻者。悉示，便将诣[7]王所。王悉问："汝曹审见[8]象不[9]？"对言："我悉见。"王言："何类[10]？"中有得足者言："明王：象如柱。"得尾者曰："如扫帚。"得尾本者言："如杖。"得腹者言："如埵。"得胁者言："如壁。"得背者言："如高岸。"得耳者言："如大箕。"得头者言："如臼。"得牙者言：

“如角。”得鼻者言：“如索。”便复于王前共诤讼[11]：“象，谛[12]如我言！”

——《佛说义足经·镜面王经》*

【注释】

①阎浮利：佛教想象地把世界陆地按东南西北分作“四大部洲”。在南方的名“南赡部洲”，旧称“南阎浮提”，简作“阎浮提”或“阎浮”。“阎浮利”是“阎浮提”不同汉字的梵文音译。镜面：是传说中远古一个贤明国王的名字。②无眼人：指降生就失明的盲人。③悉：完全、全部。将：率领。将来：带了来的意思。④是人：这些人。⑤捉：这里指抚、摸之类的动作。⑥尾本：尾根。⑦诣：去到。⑧汝曹：你们。审见：确切地知道。⑨不：这里同“否”，问词。⑩何类：什么样子、像什么。⑪诤：同“争”。诤讼：争吵。⑫谛：的确、确凿无疑。

【附一】

譬如众生盲人，彼未曾见象。为彼盲人将示象。诸生盲者，或捉象鼻、或牙、或耳、或足、或尾、或背。彼示已，问：“象何相？”或说言：“如犁辕。”或言：“如杵。”或言：“如簸箕。”或言：“如碓臼。”或言：“如苕帚。”或言：“如石山。”——如是

* 《佛说义足经》，旧题“吴·（月支）支优婆塞支谦译”。《镜面王经》是其中一个章节。

不通达。

——《摄大乘论》卷四

【附二】

有王告大臣："汝牵一象来示盲者。"时众盲各以手触。大王唤众盲问之："汝见象类何物？"触其牙者言："象形如萝菔根。"触其耳者言："如箕。"触其脚者言："如臼。"触其脊者言："如床。"触其腹者言："如瓮。"触其尾者言："如绳。"

——《涅槃经》

【附三】

或有三盲摸象：得象耳者，争云"象如簸箕"；得象鼻者，争云"象如舂杵"。虽获象一方，终不得全象之实。子说尼洹是死，真摸象之一盲矣。

——《弘明集·释三破论》

《旧杂譬喻经》

梵　术

昔有国王，持妇女急[1]。正夫人[2]谓太子："我为汝母，生不见国中[3]，欲一出。汝可白王。"如是至三。太子白王，王则听。太子自为御车出。群臣于道路奉迎为拜。夫人出其手开帐，令人得见之。太子见女人而如是，便诈腹痛而还。夫人言："我无相[4]甚矣！"太子自念："我母尚如此，何况余乎！"夜便委国[5]去，入山中游观。时道边有树，下有好泉水。太子上树。逢见梵志[6]独行，来，入水池浴；出饭食，作术，吐出一壶；壶中有女人，与于屏处作家室，梵志遂得卧。女人则复作术，吐出一壶；壶中有年少男子，复与共卧；已，便吞壶。须臾，梵志起，复内[7]妇著[8]壶中，吞之；已，作杖而去。太子归国，白王，请道人及诸臣下。持作三人食，著一边。梵志既至，言："我独自耳！"太子曰："道人当出妇共食！"道人不得止，出妇。太子谓妇："当出男子共食！"如是至三，不得止，出男子共食。已，便去。王问太子："汝何因知之？"答曰："我母欲观国中，我为御车；母出手，令人见之。我念女人能多欲，便诈腹痛还。入山，见是道人藏妇腹中，当有奸；如是女人奸不可绝。愿大王赦宫中自在行来⑨。"王则敕后宫中，其欲行者从志⑩也。

——《旧杂譬喻经》*

【注释】

①持妇女急：约束妇女行动很严厉。②正夫人：指王后。③生：一生，犹如说这一辈子。不见国中：没有出去游览的意思。④无相：犹如说失态。⑤委国：离开国都。⑥梵志：佛教徒对婆罗门教徒（主要和占绝大多数的是婆罗门族人）的称呼。在佛经中，多作为邪门外道出现。⑦内：这里同"纳"。⑧著：置，放在。⑨自在行来：自由行动。这里意指，听从宫女们自己决定愿留愿去。⑩从志：听从各人的志愿。

---

* 《旧杂譬喻经》，旧题"吴·（天竺）康僧会译"。

【按】

我国南朝梁吴均撰《续齐谐记》中有一篇，文云：“东晋阳羡许彦，于绥安山行。遇一书生，年十七八，卧路侧，云：‘脚痛。’求寄彦鹅笼中。彦以为戏言。书生便入笼：笼亦不更广，书生亦不更小；宛然与双鹅并坐，鹅亦不惊。彦负笼而去，都不觉重。前息树下，书生乃出笼，谓彦曰：‘欲为君薄设。’彦曰：‘甚善！’乃于口中吐一铜盘奁子。奁子中具诸馔肴，海陆珍羞方丈。其器皿皆是铜物。气味芳美，世所罕见。酒数行，乃谓彦曰：‘向将一妇人自随，今欲暂要之。’彦曰：‘甚善！’又于口中吐一女子，年可十五六，衣服绮丽，容貌绝伦。共坐宴。俄而书生醉卧，此女谓彦曰：‘虽与书生结好，而实怀外心，向亦窃将一男子同来。书生既眠，暂唤之，愿君勿言。’彦曰：‘甚善！’女人于口中吐出一男子，年可二十三四，亦颖悟可爱；仍与彦叙寒温。书生卧欲觉，女子吐一锦行障，书生仍留女子共卧。男子谓彦曰：‘此女子虽有情，心亦不尽，向复窃将女人同行，今欲暂见之，愿君勿泄言。’彦曰：‘善！’男子又于口中吐一女子，年二十许。共宴酌，戏调甚久。闻书生动声。男曰：‘二人眠已觉。’因取所吐女子，还内口中。须臾，书生处女子乃出，谓彦曰：‘书生欲起。’更吞向男子，独对彦坐。书生然后谓彦曰：‘暂眠遂久；君独坐，当悒悒耶？日已晚，便与君别。’还复吞此女子。诸铜器悉内口中。留大铜盘，可广二尺余，与彦别曰：‘无以藉君，与君相忆也。’大元中，彦为兰台令史，以盘饷侍中张散。散看其题，云是汉永平三年所作也。”（文见《太平广记》卷二百八十四《阳羡书生》条。）唐段成式《酉阳杂俎·续集·贬误篇》指出这个故事的源流说：“释氏《譬喻经》云：‘昔梵志作术，吐出一壶，中有女，与屏处作家室。梵志少息。女复作术，吐出一壶，中有男子，复与共卧。梵志觉，次第互吞之，拄杖而去。’余以吴均尝览此事，讶其说，以为至怪也。”鲁迅《中国小说史略》谈到吴均《续齐谐记》说：“其为小说，亦卓然可观；唐宋文人多引为典据。阳羡鹅笼之记，尤其奇诡者也。……然此类思想，盖非中国所故有，段成式已谓出于天竺。……所云‘释氏经’者，即《旧杂譬喻经》，吴时康僧会译，今尚存。……魏晋以来，渐译释典，天竺故事亦流传世间，文人喜其颖异，于有意或无意中用之，遂蜕化为国有。如晋人荀氏作《灵鬼志》，亦记道人入笼子中事，尚云来自外国；至吴均记，乃为中国之书生。”

鹦鹉救火

昔有鹦鹉，飞集他山中[1]。山中百鸟畜兽，转相重爱[2]，不相残害。鹦鹉自念：“虽尔[3]，不可久也，当归尔[4]。”便去。却后[5]数月，大山失火，四面皆然[6]。鹦鹉逢见，便入水，以羽翅取水，飞上空中，以衣毛润水洒之，欲灭大火。如是往来往来。天神言：

“咄！鹦鹉！汝何以痴：千里之火，宁为汝两翅水灭乎？”鹦鹉曰：“我由不知而灭也⑦？我曾客是山中，山中百鸟畜兽皆仁善，要⑧为兄弟，我不忍见之耳！”天神感其至意，则雨⑨灭火也。

——《旧杂譬喻经》

【注释】

①集：指鸟类停翅不飞歇下来这一动作。他山：其他的山、别的山。②转：反而。重爱：敬重相爱。③虽尔：虽然如此。④当归尔：应该回去啦的意思。尔：是语尾助词。⑤却后：往后，退后。⑥然：这里同“燃”。⑦也：这里同“耶”，问词。⑧要（yāo）：约、结盟的意思。⑨雨（yù）：这里作动词用，指下雨。

【附一】

昔陇上一鸟，字为鹦鹉。展转及得在东太山。诸禽飞鸟，莫不敬爱。以其在远来故，比作亲友，甚相爱乐。春月，野火所烧。便行入水，飞在火上，抖擞毛羽之水，救亲友难，往返非一，悲鸣大呼。——鹦鹉之水，岂能灭火？至诚感天，为之降雨，火即时得灭。

——《阿育王譬喻经》

【附二】

过去之世，雪山一面，有大竹林。多诸鸟兽，依彼林住。有一鹦鹉，名“欢喜首”。彼时，林中风吹两竹，共相揩磨，其间火出，烧彼竹林。鸟兽恐怖，无归依处。尔时，鹦鹉深生悲心，怜彼鸟兽，捉翅到水，以洒火上。悲心精勤故，感帝释宫，令大震动。释提桓因以天眼观："有何因缘，我宫殿动？"乃见世间有一鹦鹉，心怀大悲，欲救济火；尽其身力，不能灭火。释提桓因即向鹦鹉所，而语之言："此林广大，数千万里；汝之翅羽所取之水，不过数滴：何以能灭如此大火？"鹦鹉答言："我心弘旷，精勤不懈，必当灭火。若尽此身，不能灭者，更受来身，誓必灭之。"释提桓因感其志意，为降大雨，火即得灭。

——《杂宝藏经·佛以智水灭三火缘》

【按】

我国南朝宋刘敬叔撰《异苑》中有一篇，文云："有鹦鹉飞集他山。山中禽兽，辄相贵重。鹦鹉自念：'虽乐，不可久也。'便去。后数月，山中大火。鹦鹉遥见，便入水濡羽，飞而洒之。天神言：'汝虽有志意，何足云也。'对曰：'虽知不能救；然尝侨居是山，禽兽行善，皆为兄弟，不忍见耳！'天神嘉感，即为灭火。"（文见《太平广记》卷四百六十《鹦鹉救火》条。）倘非另有所本，当即是袭取《旧杂譬喻经》译文而略作删饰。鲁迅杂文中曾引用《异苑》这个寓言。但，鲁迅《中国小说史略》，根据前人资料，认为《异苑》行世者"十余卷"，"今存者十卷，然亦非原书"。这个寓言见于《异苑》，是否是后人重编时篡入，也就很难断定了。

鬼怕恶人

昔有五道人具行，道逢雨雪，过一神寺中宿。舍中有鬼神形像[1]，国人吏民所奉事者。四人言："今夕大寒，可取是木人烧之用炊。"一人言："此是人所事[2]，不可败[3]！"便置不破[4]。此室中鬼常啖[5]人，自相与语，言："正当啖彼一人。是一人畏我；余四人恶，不可犯。"其呵止不敢破像者，夜闻鬼语，起呼伴："何不取破此像用炊乎？"便取烧之。啖人鬼便奔走。

——《旧杂譬喻经》

【注释】

①鬼神形像：这里指木雕像。②事：侍奉，就是上文奉事的省词。③败：破坏。④破：指对木像加以砍劈之类的动作。⑤啖：吃。

【按】

我国旧题宋苏轼撰《艾子杂说》中有一篇，文云："艾子行水，涂见一庙，矮小，而装饰甚严。前有一小沟。有人行至水，不可涉。顾庙中，而辄取大王像，横于沟上，履之而去。复有一人至，见之，再三叹之曰：‘神像直有如此亵慢！’乃自扶起，以衣拂饰，捧至坐上，再拜而去。须臾，艾子闻庙中小鬼曰：‘大王居此为神，享里人祭祀，反为愚民之辱，何不施祸患以谴之？’王曰：‘然则祸当行于后来者。’小鬼又曰：‘前人以履大王，辱莫甚焉，而不行祸；后来之人，敬大王者，反祸之：何也？’王曰：‘前人已不信矣，又安祸之！’——艾子曰：‘真是鬼怕恶人也。’”明陆容《菽园杂记》别记一事云：“王冕，绍兴人，国初名士。所居与一神庙切近。爨下缺薪，则斧神像爨之。一邻家事神唯谨，遇冕毁神像，辄刻木补之。如是者三四。然冕家人岁无恙；补像者妻孥沾患，时时有之。一日，召巫降神，诘神云：‘冕屡毁像，神不之咎；吾辄为新之，神何不祐耶？’巫者仓卒无以对，乃作怒曰：‘汝不置像，彼何从而爨耶！’自是其人不复补像，而庙遂废。——至今以为笑谈。”

《艾子杂说》写的，显然脱胎于佛经；《菽园杂记》所记，容或可能是真人真事，但也不能说它没有受佛经的影响。

《佛说群牛譬经》

驴入牛群

群牛志性调良[①]，所至到处，择软草食，饮清凉水。时有一驴便作是念："此诸群牛，志性调良，所至到处，择软草食，饮清凉水。我今亦可斆[②]彼，择软草食，饮清凉水。"时彼驴入群牛中，前脚跑土[③]，触娆[④]彼群牛。亦效群牛鸣吼，然不能改其声："我亦是牛！我亦是牛！"然彼群牛以角抵杀，而舍之去。

——《佛说群牛譬经》*

* 《佛说群牛譬经》，旧题"西晋·法炬译"。

【注释】

①志性：性格。调良，和顺。②教：同“学”，模仿的意思。③跑：这里指兽类用蹄刨土这一动作。④娆（rǎo）：打搅，扰乱。

《法句譬喻经》

一捧水比大海多

时有贾客大人①名曰波利，与五百贾人入海求宝。时海神出掬水②，问波利言：“海水为多？掬水为多？”波利答曰：“掬水为多。所以者何？——海水虽多，无益时用，不能救彼饥渴之人；掬水虽少，值彼渴者，持用与之，以济其命。”

——《法句譬喻经·华香品》*

* 《法句譬喻经》旧题“西晋·法炬共法立译”。《华香品》是其中一个章节。

【注释】

①贾（gǔ）客：商人。贾客大人：对大商人的敬称。②掬水：手里的一捧水。这里指可作饮料的淡水。

《佛说大鱼事经》

小鱼不听大鱼言

往昔时有一水[①]，饶[②]诸大鱼。尔时，大鱼敕[③]小鱼曰："尔等莫离此间往他处所，备[④]为恶人所得。"尔时，小鱼不从大鱼教，便往至他处所。尔时，鱼师以饭网罗线捕诸鱼。诸小鱼见，便趣[⑤]大鱼处所。尔时，大鱼见小鱼来，便问小鱼曰："汝等莫[⑥]离此间往至他所？"尔时，小鱼便答大鱼曰："我等向者[⑦]已至他所来。"大鱼便敕小鱼曰："汝等至他所，不为罗网取捕耶？"小鱼答大鱼曰："我等至彼，不为人所捕；然遥见长线寻[⑧]我后。"大鱼便语小鱼曰："汝等以[⑨]为所害。所以然者：汝所遥见线寻后来者。昔先祖、父、母，尽为此线所害。汝今必为所害。汝非我儿！"尔时，小鱼尽为鱼师所捕，举著岸上。如是，小鱼大有[10]死者。

——《佛说大鱼事经》*

【注释】

①水：这里泛指江、河、湖、海。②饶：富足、多。③敕：指帝王发布的命令，也指一般尊长的告诫。④备：这里引申作防备解释，也可理解作整体、全部。⑤趣：意思同“趋”，去到。⑥这里“汝等莫离此间”句，应是问话，莫是莫非的意思；上句“尔等莫离此间”，是肯定语气，莫是不要的意思：两句有所不同。⑦向者：以前，这里是指刚才过去的时间。⑧长线：指钓丝。寻：追逐。⑨以：这里同“已”。⑩大有：多有，有很多。

【附】

群龟告语诸子：“汝等自护，莫至某处。彼有猎者，备获汝身，分为五分。”时诸龟子不随其教，便至其处共相娱乐，便为猎者所获。或有安隐还得归者。龟问其子：“汝等为从何来，不至彼处乎？”子报父母：“我等相将至彼处观，不见猎者，唯睹长线而追我后。”龟语其子：“此线追汝后者，由来久矣，非适今也。汝先祖父母，皆由此线，而致丧亡。”

——《出曜经》卷十四

---

* 《佛说大鱼事经》，旧题“东晋·（天竺）竺昙无兰译”。

《天尊说阿育王譬喻经》

不识宝斧

昔有穷寒孤独老公[①]，无以自业[②]，偶市[③]得一斧，是众宝之英，而不识之，持行[④]斫杖，卖之以供[⑤]微命。用斧欲尽。见外国治生大贾客[⑥]，名曰萨薄，见斧识之，便问老公："卖此斧不？"老公言："我仰[⑦]此斧，斫杖生活，不卖也。"萨薄复言："与公绢百匹[⑧]，何以不卖？"公谓调[⑨]己，亦不应和[⑩]。萨薄复言："何以不见应和？与公二百匹。"公便怅然不乐。萨薄复言："嫌少当益[⑪]，公何以不乐？与公五百匹。"公便大啼哭，言："我不恨绢少。我愚痴：此斧长尺半，斫地已尽；余有五寸，犹得五百匹，是以为恨耳！"萨薄复言："勿复遗恨，与公千匹。"即便破券[⑫]持去。此斧众宝之英耳，地博不问多少[13]，以斧著上，薪火烧之，尽成贵宝。

——《天尊说阿育王譬喻经》*

【注释】

①老公：老头子。②业：指谋生手段。无以自业：犹如说无以为生。③市：购买。④行：用。⑤供：养活。⑥治生：这里指会做买卖。⑦仰：依靠。⑧古时以绢作为货币使用，讨价还价，以绢的匹数多少为标准。⑨调：戏弄、开玩笑。⑩应和：回答。⑪益：增加。⑫买卖契约叫作券。破券：指各执契约的一半，也就是成交的意思。⑬这句意思是说不论什么东西，但文字似有错落。

贱买智慧

昔有国，丰盛安乐，无所渴乏[1]，便语大臣："遣一可使之臣，至于他国，市吾所无者市来。"即遣一人，往至他国，益将珍宝遍市肆观看，无有余物，"尽是我国中所有耳"。最后，见一贤者，空坐肆上。便问之言："不见君有所卖，何以空坐？"答言："在此卖智慧耳！"问曰："君智慧何像[2]？卖索几许[3]？"答曰：

* 《天尊说阿育王譬喻经》，简作《阿育王譬喻经》，旧题"失译人名，附东晋录"。

“吾智慧直[4]五百两金。前称[5]尔金，吾当与汝说之耳。”远人便自念：“我国中无卖智慧与人。”便称五百两金与其人。即与说智慧之言——二十字言：“长虑谛思惟[6]，不当卒[7]行怒。今日虽不用，会当有用时。”于是受诵令利[8]，各自还家。

臣买得智慧之言，即便还国。道径[9]其家，夜入月明，见妇床前有两履[10]，疑有异人[11]，便生恶念。——其妇卒得疾病，母往宿视。——长者[12]故说智慧之言未休。其母惊觉：“儿来归耶？”儿便走出户，呼：“贱！贱！”母问其言云何：“汝[13]行为得何物，何以呼‘贱’？”儿言：“我母以[14]妇，万两金犹不与人；正顾[15]五百两金，岂非贱耶？”

——《天尊经》借以为喻，谚语：“一言之助，胜千金之益。”此之谓也。

——《天尊说阿育王譬喻经》

【注释】

①渴乏：缺乏。②何像：像什么样子。③卖索几许：出卖要价多少。④直：这里同“值”。⑤称（chēng）：指用秤量重量这一动作。⑥长虑谛思惟：一再、反复的思考。⑦卒：这里同“猝”。⑧利：流利，极熟的意思。⑨道径：路过。⑩两履：这里指两双鞋。⑪异人：外人。⑫长者：一般指年高而富贵的人，这里指那个贱买智慧的使臣。⑬汝：你。⑭以：和、及。⑮正顾：只值的意思。

《那先比丘经》

偷 瓜 贼

那先言："譬如人盗他人果蓏[1]，其主得盗果者，将至王前，白言：'是人盗我果。'其盗者言：'我不盗是人果！是人所种，小栽[2]耳，本不种果也。我自取果，我何用为盗[3]？我不盗是人果，我不应有罪过。'"——那先问王言："如是，两人共争。谁为直者？谁不直者？"王言："种栽家为直，本造所种；盗者无状，应为有罪。"那先言："盗何用为有罪？"王言："所以盗者有罪：本种栽家所种，从栽根生，故上有果耳。"

——《那先比丘经》* 卷中

---

* 《那先比丘经》，旧题"失译人名，附东晋录"。比丘，梵文的音译，意指行乞的佛教

【注释】

①蓏（luǒ）：蔓生在地上的瓜类果实。②小栽：这里指植物的幼苗。③何用为盗：用不着为盗，说不上偷窃的意思。

大火烧城

那先言："譬如人夜然烛火著壁，欲用自照饭食。烛稍[①]却及壁上，及竹木林材，便烧一舍。火大炽，延及烧一城中。举城中人民共呴言[②]：'汝何为烧一城中，乃如是？'然火者言：'我但然[③]小烛火，以自然饭食耳。是自大火[④]，非我火也。'如是，便共争讼，相牵至王前。"——那先问王言："如是，谁为直者，谁为不直者？"王言："然火者为不直。"那先言："何以知？"王言："本是火所生也。——汝饭食已，不当灭火也[⑤]？而令火烧一城中？"

——《那先比丘经》卷中

（接上页）徒、修行人。男称比丘，女称比丘尼。梵文称象作那。据说，那先和一头大象同日出生，所以他的父母便给他取名那先。那先做佛教徒后，佛经就附会说，他是象王的转世。那先曾和当时国王名叫弥兰的辩论一些哲学道理，《那先比丘经》就是他们谈话的记录。虽然他的结论往往还是站在佛教徒的立场做宗教宣传；但在发言中，对于如何理解片面和整体的关系、从事物发展中看问题这些方面，颇富质朴的智慧。《那先比丘经》旧有两种译本，一是两卷本，一是三卷本。失去译者名字。本书从三卷本。

【注释】

①稍：末梢。②举城中：全城中。哃：同“诟”。哃言：指责，怒骂。③然：这里同“燃”。④是自大火：这是自行发生的大火。⑤也：这里同“耶”。

牛奶变酸醋

那先言：“譬如人持瓶从牧牛家买乳湩[①]。得湩已，复还寄[②]其主，言：‘我今还不久[③]。’其人须臾来还，取瓶湩，湩以转作酪[④]。买湩家言：‘我持湩寄卿，今反持酪还我？’牧牛者言：‘是汝故乳[⑤]，今自转[⑥]为酪。’两人因共争讼，相牵诣王前。”——那先问王言：“如是，谁为直者？”王言：“牧牛家为直。”那先言：“王何以知？”王言：“汝自买湩停置地，自转成酪，牧牛家当有何过！”

——《那先比丘经》卷中

【注释】

①湩：奶汁。乳：这里指牛奶。②寄：存放。③我今还不久：我不久就回来的意思。④以：这里同“已”。酪：这里作醋解释。以转作酪：指牛奶已经馊坏变成酸醋一样。⑤故乳：原来的奶。⑥自转：自己本身的变化。

羹　味

王使宰人作美羹，中有水、有肉、有葱蒜、有姜、有盐豉、有糯。王敕厨下人言：“所作美羹，如前取羹中水味来，次取肉味来，次取葱味来，次取姜味来，次取盐豉味来，次取糯味来。”“羹以成，人宁能一一取羹味与王不？”王言：“羹一合以后，不能一一别味也！”

——《那先比丘经》卷中

《僧伽罗刹所集经》

犊皮诱乳

新生犊死。取皮酿草[①]，如生犊形，置其母前。母谓子活，故乳不竭。

——《僧伽罗刹所集经》* 卷下

【注释】

①取皮酿草：指掏空肌肉和内脏，塞进草去。犹如说做成一具动物标本。

【按】

本篇为经文原注文。经文："犹如新死犊子，观其皮，乳得多。"

* 《僧伽罗刹所集经》，旧题"苻秦·(罽宾)跋澄等译"。

不种不获

有一贫人作是思惟："当诣天祠，求于现世饶益财宝。"作是念已，语其弟言："汝可勤作田作，好为生计[1]，勿令家中有所乏短[2]。"便将其弟往至田中："此处可种胡麻[3]，此处可种大小麦，此处可种禾，并种大小豆。"示种处已，向天祠中，为天祀弟子作大斋会，香华[4]供养，香泥涂地，昼夜礼拜，求恩请福，悕望[5]现世增益财产。尔时，天神……便化为弟[6]，来向祠中。时兄语言："汝何所种？来复何为？"化弟白言："我亦欲来求请天神，使神欢喜，求索衣食。我虽不种，以天神力，田中谷麦自然足得。"兄责弟言："何有田中不下种子望有收获？无有是事！"……尔时，化弟质其兄言："世间乃有不下种子不得果耶？"

——《大庄严论经》* 卷十

【注释】

①好为生计：意思指为了生活好好劳动。②乏短：缺少。③胡麻：芝麻。④华：同"花"。⑤悕：愿望。悕望：犹如说希望。⑥天神……便化为弟：天神就变作他弟弟的样子。

【附】

昔有兄弟二人，家计贫困。兄常日夕精勤礼拜，求毗摩天，望得大富；而遣其弟，耕田种殖。如是求请，经历多时。时毗摩天化作其弟，至其兄边。兄瞋弟言："何不垦殖？来此何为？"时弟答言："兄在天寺，昼夜祈请，望得大富；弟于今日，亦欲效兄，斋戒求愿，望获大富。"兄语弟言："卿不种田下于种子，财富丰有，何由可获？"弟答兄言："实以种故而收获耶？"兄不能报。

——《杂宝藏经》

* 《大庄严论经》，旧题"马鸣菩萨造，姚秦·鸠摩罗什译"。

猫儿问食

猫生儿，以[1]小渐大。猫儿问母："当何所食？"母答儿言："人自[2]教汝。"夜至他家[3]，隐[4]瓮器间。有人见已[5]，而相约敕："酥、乳、肉等，极好覆盖；鸡雏高举。莫使猫食。"猫儿即知："鸡、酥、乳酪，皆是我食。"

——《大庄严论经》卷十五

【注释】

①以：由。②自：自然。人自教汝：人们自然会教你的意思。③他家：漫指某一人家。④隐：躲藏。⑤见已：看到了。

种果得果

有二女人，俱得庵罗果[1]。其一女人，食不留子；有一女人，食果留子。其留子者，觉彼果美，于良好田下种著中，以时灌溉，大得好果。

——《大庄严论经》卷十五

【注释】

①庵罗：梵文音译，也译作庵婆罗，一种类似梨子的水果，盛产于热带。

欢　迎

竺叉尸罗国有博罗吁罗村，有一估客[1]名称伽拔吒。……先是长者子，居室素富；后因衰耗，逐至贫穷。其宗亲眷属[2]，尽皆轻慢，不以为人。心怀忧恼，遂弃家去，共诸伴党至大秦国[3]，大得财宝，还归本国。时诸宗亲闻是事已[4]，各设饮食、香华、妓乐，于路往迎。时称伽拔吒身著微服[5]，在伴前行。先以贫贱，年岁又少；后得财宝，其年转老。诸亲迎者，并皆不识，而问之言："称伽拔吒为何所在[6]？"寻[7]即语言："今犹在后。"至大伴中而复问言："称伽拔吒为何所在？"诸伴语言："在前去者即是其人。"时宗亲往到其所而语之言："汝是称伽拔吒，云何[8]语我乃云'在后'？"称伽拔吒语诸宗亲言："'称伽拔吒'非我身是[9]，乃在伴中驼驴驮上。所以然者：我身顷来[10]，宗亲轻贱，初[11]不与语；闻有财宝，乃复见迎。由是之故，在后驮上。"宗亲语言："汝道何事？不解汝语。"称伽拔吒即答之言："我贫穷时，共汝等语，不见酬对[12]；见我今者多诸财宝，乃设供具，来迎逆[13]我。乃为财宝，不为我身。”

——《大庄严论经》卷十五

【注释】

① 估客：商人。② 宗亲：本家和亲戚。眷属：泛指亲属。③ 伴党：同伴的伙友。大秦国：指罗马帝国。④ 已：以后。⑤ 微服：富贵人换穿贫贱人的服装。⑥ 为何所在：在什么地方的意思。⑦ 寻：立即。⑧ 云何：为什么。⑨ 非我身是：非是我身或我身非是的另一语法组成的句子。⑩ 顷来：不久以前。⑪ 初：原来、本来。⑫ 酬对：答话。⑬ 逆：迎。

【附】

舍卫城里有人名曰锺磬，宗族五亲不可称限。己身贫匮，乏诸财产，衣不覆形，食不充口。五亲相见，皆低（一本作颙）头而过。锺磬自念："五宿少福，生不遇时，自知贫困，五亲离薄，出则为人所笑，入则为妻儿所责。宁出此国，造他方土，死活由天，安知余事。正使处他国土，宁彼死亡，不在此求活。”时彼锺磬，即出国界，适他邦域，卖佣客作，勤力生活。忆本穷悴，为五亲所薄，昼夜勤勤，不暇食息。渐渐积财，无数金银，珍宝，车渠，马瑙，珊瑚，虎珀，骆驼，驴骡。及以车舆载致珍宝归还本国；诸五亲闻锺磬多获珍宝还来归家，尽出迎逆。与家别久，乱发须长，衣裳垢坌，步负钱财。五亲不识而向曰："锺磬今为所在？”锺磬报曰：“乃在于后，斯须自到。”五亲留待，复问后人锺磬所在。后人报曰：“锺磬最在前。”如是，经久不见锺磬。锺磬但言“在后”，后人复言“在前”。遂欲至家，不识锺磬。时诸五亲捉锺磬奴指示锺磬，五亲得与相见。“与卿别久，各不相识，人存形变，乃至于斯。今我五亲故来迎卿，何为面欺，故言在后？”锺磬报曰：“我非‘锺磬’，后车载宝货乃是‘锺磬’！曩昔贫悴，为诸五亲所见轻忽，对面相见，佉头而过；汝今何为求于锺磬？”

——《出曜经》卷八

《大智度论》

好衣吃好食

罽宾三藏比丘[1]，行阿兰若法[2]。至一王寺[3]。寺设大会。守门人见其衣服粗敝，遮门不前[4]。——如是数数[5]以衣服敝故，每不得前。便作方便[6]，假借好衣而来；门家[7]见之，听前[8]不禁。既至会坐，得种种好食，先以与衣。众人问言：“何以尔也？”答言：“我比[9]数来，每不得入；今以衣故，得在此坐，得种种好食。实是衣故得之，故以与衣。”

——《大智度论》* 卷十四

---

* 《大智度论》，旧题“龙树菩萨造，姚秦·鸠摩罗什译”。

【注释】

①罽宾：今克什米尔一带，古代佛教盛行的地方。三藏比丘：佛教中对深通经典的佛教徒的尊称。②阿兰若：省称兰若，指佛教徒修行学道的处所（包括寺院等）。行阿兰若法：则指单身苦修者。③王寺：犹如说敕建的寺庙。④遮门：挡着门。不前：不让进去的意思。⑤数数：一次又一次、多次。⑥方便：权且、权宜之计。⑦门家：指守门人。⑧听前：由他上前、由他进去。⑨比：最近不久。

吃　盐

田舍人初不识盐，见人以盐著种种肉菜中而食，问言："何以故尔？"语言："此盐，能令诸物味美故。"此人便念："此盐能令诸物美，自味必多[①]。"便空抄[②]盐，满口食之，咸苦伤口，而问言："汝何以言盐能作美？"人言："痴人！此当筹量多少，和之令美；云何纯食盐？"

——《大智度论》卷十八

【注释】

①自味：本身的味道。多：这里意思是说味道更厚、更美。②抄：迅速、匆忙地抓起。

【附一】

昔有愚人，至于他家。主人与食，嫌淡无味。主人闻已，更为益盐。便自念言：“所以美者，缘有盐故。少有尚尔，况复多也？”愚人无智，便空食盐。食已口爽，返为其患。

——《百喻经》卷上

【附二】

愚人不识饮食种具，闻酱是众味主，便纯饮酱，失味致患。

——《大智度论》卷五十九

灯　　光

人于暗室然灯[①]，照诸器物，皆悉分了[②]；更有大灯，益复明审[③]。则知后灯所破[④]之暗，与前灯合住[⑤]；前灯虽与暗共住，而亦能照物；若前灯无暗，则后灯无所增益。

——《大智度论》卷十八

【注释】

①然：同“燃”。然灯：点灯。②分了：分明、辨别得清楚。皆悉分了：完全分明，也就是都看得见的意思。③益复明审：更

加明亮、清楚。④破：消灭。⑤合住：同在一起、同时存在。

【附】

譬如破暗，故然灯；更有大灯，明则转胜。当知先灯虽照，微暗不尽；若尽，后灯则无用。

——《大智度论》卷七十九

【按】

本篇缺少寓言本身应有的故事情节，从文艺形式来说，它只是一般譬喻，不能列为寓言。但因它通过具体事物，说明抽象道理，具有寓言雏形；它所使用的是辩证的方法，意图以光度强弱分别明暗，解释从量变到质变的关系，还是有些意义的。我国明代徐元太曾收入所编《喻林》(卷九十四《求益》)。我国东汉王符撰《潜夫论》，其中有云："隅烛之施明于幽室也，前烛则尽照矣，后烛而益明。二者相因，以成大光。"意与此通。

群兽过河

祇劫有大林树，多诸禽兽。野火来烧，三边俱起；唯有一边，而隔一水。众兽穷逼，逃命无地。我尔时，为大身多力鹿，以前脚跨一岸，以后脚踞一岸，令众兽蹈脊上而渡。皮肉尽坏，以慈愍力，忍之至死。最后，一兔来。气力已竭，忍令得过。过已，脊折，堕水而死。

——《大智度论》卷二十六

【附】

波罗奈国有王名曰梵摩达多，将诸民众出城游猎。到一山间，有大河水。值五百群鹿，便欲猎射……张围来近。时诸鹿等在河岸间，周慞惶怖，驰走从河。时彼河水深而无底，越不可渡，张围转近，命在旦夕。时彼鹿王语诸鹿言："为汝等故，伸其四足，置河两岸。汝等诸鹿，蹑我脊过，可达彼岸。"尔时，诸鹿闻是语已，驰奔共渡，蹑鹿王脊，遂至破尽，痛不可言。是时，诸鹿尽皆渡竟；唯一鹿母，将一鹿麛，周慞惶怖，最在其后。时彼鹿王见其在后，忍于疲苦，待令渡过，即便命终。

——《撰集百缘经·佛垂般涅槃度五百力士缘》

【按】

本篇主题指出，为了大众利益，不惜做自我牺牲，意思是可取的。但据佛教神话传说，佛的前身一度是鹿王（此作大身多力鹿，义同）；这个故事以佛的谈话形式出现（很多佛经都是如此），因之文中有"我"、"为"二字，作为"我佛慈悲"的自我宣传。为了保持原文，不予删节。

狮子割肉

师子[1]在林中住，与一猕猴，共为亲友[2]。猕猴以二子寄于[3]师子。时有鹫鸟，饥行求食，值师子睡故，取猴子而去，住于树上。师子觉已[4]，求猴子不得。见鹫持在树上，而告鹫言："我受猕猴寄托二子，护之不谨，令汝得去，孤负言信。请从汝索。我为兽中之王，汝为鸟中之主，贵势同等，宜以相还。"鹫言："汝不知时！吾今饥乏，何论同异！"师子知其叵得[5]自以利爪𠜾[6]其胁肉，以贸[7]猴子。

——《大智度论》卷三十三

【注释】

①师子：狮子的古写。②亲友：密友。③二子：这里指幼猴。寄：托养。④觉已：这里指睡醒以后。⑤叵得：不可得。⑥𠜾（jué）：指用指爪剜割这一动作。⑦贸：买取，这里指交换。

《出曜经》

大海三鱼

南海卒涌大洮①，越海境界，有三大鱼，随上流处在浅水。自相谓言："我等三鱼，处在厄地。漫水未减，宜可逆上，还归大海。"有碍水舟，不得越过。第一鱼者，尽其力势，跳舟越过；第二鱼者，复得凭草越度；第三鱼者，气力消竭，为猎者②所得。——第一虑未然，必当被伤害；凭草计现在，彼命得脱死：二鱼俱得免，以济危脆命。愚守少池水，受困于猎者。

——《出曜经》* 卷三

---

* 《出曜经》，旧题"法救菩萨造，姚秦·（凉州）竺佛念译"。原书第六卷释名云："所谓'出曜'者，从无常至梵志，采众经之要藏，演说布现以训将来，故名'出曜'。"

【注释】

①卒：同“猝”。洮：这里指海潮。②猎者：这里指渔人。

夫妇盲目复明

昔夫妇二人，姿貌端正，威颜具足，众相悉备①，诸根寂静②，共相待敬，终日无厌。如是经日③。夫妇二人，忽然失明，目无所睹。夫妇相恋，恐为人所欺：夫恐失妇，妇恐失夫。坐共相守，不远斯须④。时诸五亲远方求医，将至失明夫妇所，捐药⑤治目，寻得开明⑥。夫见妇颜变易非故⑦，举声而言：“谁易我妇去？”妇见夫颜状变易非故，举声而言：“谁易我夫？”五亲晓曰：“少壮之容，随日迁转，气羸力竭，皮缓面皱：日异日变。以老朽颜，望比少壮，钻冰求火，不亦谬乎？何为啼哭，自不相识？”

——《出曜经》卷三

【注释】

①威颜具足，众相悉备：这两句形容体态上庄严、有气派，具备所有的优点。②根：佛教所谓根性，指人类的生物本能和思想意识。诸根寂静：意思说没有什么嗜欲，不胡思乱想。③经日：一般指一天到晚，这里引申作经过一段时日解释。④斯须：片刻、

一会儿。⑤捐药：就是送药。⑥寻：不久的时间内。开明：这里是指盲目的复明。⑦故：旧、以前。

伐毒掘根

有守园人瞻守官园[①]。当园中间，生一毒树。诸有男女入园游观，停息此树下者，或头痛欲裂，或腰脊疼痛，或即于树下便命终者。时守园人知为毒树，复见众人遭诸苦难，即施斧柯[②]。柯长一丈余，遥斫毒树。未经旬日，即生如故。然彼毒树枝叶团团，树中之妙，众人见者无不欢喜。其中众生[③]，不知忌讳，未遭此难，共往奔彼，自荫其身；影未移间，复遭苦厄[④]。时守园人复于异日[⑤]以斧往斫，树生如故，倍复殊妙。如是数斫，生生如旧。彼守园人宗族、五亲、妻息、仆使，贪乐树荫，尽取命终。其人单孑一己，昼夜愁忧，号悲而行。路遇智者，自陈酸苦，其痛万端。是时，智者告园人曰："此众苦恼，卿自为耳！夫欲止流莫若高堰，欲伐树者当尽根原；卿所施功，但种生栽[⑥]，何言伐树？汝今速往掘出根本！"

——《出曜经》卷五

【注释】

①瞻守：看守。官园：公园。②柯：斧柄。③众生：原指所有大众，这里只指大众中一部分人。④戹：同“厄”。⑤异日：他日、以后的另一天。⑥生栽：种树。但种生栽：意思犹如说等于给树修理枝叶。

牧　牛

昔有一人，多牧群牛。舍己群牛，数他群牛以为己用[①]。己所有牛，或遇恶兽，或失草野，日有损耗，不自知觉。便为众人所见嗤笑：“世之愚惑莫甚于卿，认他群牛以为己有。”

——《出曜经》卷六

【注释】

①以为己用：这里含有为己所有的意思。

笼鸟减食

多捕众鸟，藏在大器[①]，随时瞻视，养食以时。毛尾既长，随时剪落；选其肥者，日用供厨[②]。中有一鸟，内自思惟：“若我食多，肥则致死；若饿不食，复致丧身。宜自料量[3]。少食损肤[4]，衣毛悦泽[5]，当从笼出。”如其所念，即便少食，衣毛悦泽，便从其愿。

——《出曜经》卷九

【注释】

①大器：这里指鸟笼。②供厨：供应厨房作菜肴。③料量：估计、算计。④损肤：减少肌肉脂肪。⑤衣毛：指羽毛。悦泽：光滑好看。

骂　牛

出言柔和，为人所爱念；出言粗犷，为人所憎恶。——昔有二人，各畜力牛[1]。一人自夸，欲得与彼牛角[2]力，若不如者，要金钱五百[3]。试牛并耕[4]。一牛力实胜之。其牛主骂曰：“弊牛[5]，努力！”牛闻其骂，即便卧地。输金钱五百枚。复至后日，主责牛曰：“名汝为‘快牛’，乃使我失钱，令我惭愧。”牛报其主曰：“更可试之，当尽我力，当还倍得彼钱。”即复更耕。如牛所言，倍得彼钱。

——《出曜经》卷十一

【注释】

①畜：养。力牛：力大的耕牛。②角：比赛。③不如者：指赛输了的一方。要金钱五百：指输的给胜家金钱五百。④并耕：在一起耕地。⑤弊：这里作詈骂语用。弊牛：犹如说破牛。

不知死活

昔有愚人，志性游荡，不别是非好恶。见数十人舁死者出城，复值众人以香华散于死尸。时彼愚人，还家寝卧。先有郁金华裹悬于屋栋，绳解华散，堕于愚人上。愚人举身唤家室告曰："吾今已死，何不舁我捐弃？"家人问曰："汝云何为死？"报曰："汝不见华散我身上乎！"家室答曰："不以华散身上谓以为死。所谓死者：无出入息，身如枯木，风去火弃①，神识断去，身体刚强，无所复任。如斯比者，乃谓为死。汝虽言死像，死而不死。"

——《出曜经》卷十三

【注释】

①佛教认为，人身和所有物质一样，是由地、水、风、火"四大"所构成。风指动作，火指体温。风去火弃：是指动作停止，身子凉了。

驹慕猪食

昔大月支国[①]风俗常仪，要当酥煎麦食猪[②]。时官马驹谓其母[③]曰："我等与王致力，不计远近皆赴其命，然食以草刍，饮以潦水[④]。"马告其子："汝等慎勿兴此意！——羡彼酥煎麦耶？如是不久，自当现验。"时逼节会，新岁垂至，家家缚猪投于镬汤[⑤]，举声号唤。马母告子："汝等颇忆酥煎麦不乎？"

——《出曜经》卷十四

【注释】

①大月支：古代西域国名，极盛时势力达到恒河流域和葱岭东西。②酥：奶油。煎：炒。食：同"饲"，喂。③其母：指驹（小马）母，就是母马。④潦水：雨水，泛指不太干净的冷水。⑤镬：大锅。汤：这里指滚开的热水。

水泡花鬘

昔有国王女，为王所爱，未曾离目。时天降雨，水上有泡。女见水泡，意甚敬爱。女白王言：“我欲得水上泡，以为头华鬘①。”王告女曰：“今水上泡不可攫持②，云何得取以为花鬘！”女白王言：“说不得者，我当自杀。”王闻女语，寻召巧师而告之曰：“汝等奇巧，靡事不通。速取水泡，与我女作鬘。若不尔者，当斩汝等！”巧师白王：“我等不堪取泡作鬘。”其中有一老匠，自占堪能取泡，即前白王：“我能取泡，与王作鬘。”王甚欢喜，即告女曰：“今有一人堪任作鬘，汝可自往躬自瞻视。”女随王语，在外瞻视。时彼老匠白王女言：“我素③不别水泡好丑，伏愿王女躬自取泡，我当作鬘。”女寻取泡，随手破坏，不能得之。如是终日，竟不得泡。女自疲厌而舍之去。女白王言：“水泡虚伪，不可久停，愿王与我作紫金鬘，终日竟夜④无有枯萎。”

——《出曜经》卷二十四

【注释】

① 华鬘：就是花鬘。印度风俗，用线绳穿编花朵成串，作为装饰品。绕在头上的，就叫头花鬘。② 攫：抓住。持，拿。③素：向来、昔日。④终日竟夜：从日到夜、日日夜夜。

宝　瓶

有人常供养天[1]。其人贫穷，四方乞求供养[2]，经十二年，求索富贵。人心既志[3]，天愍此人，自现其身而问之曰："汝求何等？""我求富贵。欲令心之所愿，一切皆得。"天与一器，名曰"德瓶"，而语之言："君所愿者，悉从此瓶出。"其人得以随意所欲，无不得。得如意已，具作好舍，象、马、车乘，七宝[4]具足。供给宾客，事事无乏。客问之言："汝先贫穷，今日云何得如此富？"答言："我得天瓶。天瓶中出此种种物，故富如是。"客言："出瓶见视[5]其所出物。"即为出瓶。瓶中引出种种诸物。其人骄逸，捉瓶起舞。执之不固，失手破瓶，一切诸物，俱时灭去。

——《众经撰杂譬喻》* 卷上

【注释】

①供养天：意同祭神。②四方乞求供养：各处乞讨祭品。③志：专一、专诚。④七宝：指金、银、珊瑚、玛瑙之类的珍宝，意在形容财富之多，究竟是哪七种，各经说法都有所不同。⑤出瓶：把瓶拿出来。视：这里同“示”，给人看的意思。

【按】

《梅磵诗话》载宋苏轼诗中引用“宝瓶”一典，即出此。

战马习磨

西方有一国王，素无马。减损国藏①，四出推求②，买五百匹马，以防外敌，足以安国。养马既久，国中无事。王便思惟：“五百匹马，食用不少，饲养烦劳，无益国事。”便敕所典③：“掩

* 《众经撰杂譬喻》，一作《众经撰杂譬喻经》，旧题“比丘道略集，姚秦·鸠摩罗什译”。是一部从各种佛经中辑出的譬喻（包括寓言）选集。

眼令磨。可得自食，不损国藏。”马磨既久，习于旋迴[④]。忽然邻国兴兵入境。王便约敕：“被马具庄[⑤]。”勇将乘骑，如战斗法[⑥]，鞭马向阵，欲直前入[⑦]。诸马得鞭，尽旋迴走，无向敌意。邻贼见之，知无所能，即便直前，大破王军。

——《众经撰杂譬喻》卷上

【注释】

①减损：缩减。国藏：国库的储备、国家财政经费。②推求：这里是搜觅、征求的意思。③所典：主管其事的人员。④旋迴：打转转、转来转去。⑤具庄：整齐装鞴。⑥如战斗法：按照一般作战的方法。⑦欲直前入：打算一直向前冲入敌军。

【附】

有一国王，多养好马。会有邻王，与共斗战，知此国王有好马故，即便退散。尔时，国王作是思惟：“我先养马，规拟敌国。今皆退散，养马何为？当以此马，用给人力，令马不损，于人有益。”作是念已，即敕有司，令诸马群，分布与人，常使用磨。经历多年，其后，邻国复来侵境。即敕取马，共彼斗战。马用磨故，旋转而行，不肯前进；设加杖捶，亦不肯行。

——《大庄严论经》卷十五

见远不见近

……儿年十六，才美过人，便广设多美饮食，请彼六师①。六师既坐，未久之间便失笑。其人问："何故笑也？"六师答言："吾见五万里有山，山下有水，有猕猴落水中，是以笑耳。"此儿知其虚妄，便钵中盛种种好羹，以饭覆上，使人擎②与之。余人钵中，下著饭，上著羹。诸人皆食，唯六师独瞋不食。主人问："何故不食？"六师答言："无羹，云何食？"主人言："君眼乃见五万里猕猴落水，何不见饭下羹耶？"于是六师大瞋③，竟不食而还。

——《众经撰杂譬喻》卷上

【注释】

①六师：佛教徒对其他六种异教徒的轻蔑称呼。有时合指六教教徒，有时只指其中某一个教徒。（富兰那是六教中一大教，所以《大庄严论经》写这一故事时，作"富兰那"，不作"六师"。文见后附。）②擎：举。③瞋：瞪眼发怒。

【附】

富兰那弟子尸利毱多者，是树提伽姊夫。……彼姊夫言：

“……富兰那者是一切智……行住坐卧，三世之事，尽能明了。”树提伽言：“我今示汝富兰那非一切智事。”即请富兰那将向其家。时富兰那……许受其请。于其后日，富兰那将诸徒众数百千人，又有五百弟子以自围绕，诣树提伽家。既至其家，时富兰那微笑。尸利毱多向富兰那言：“婆伽婆何故微笑？”富兰那言：“我遥见彼那摩陀河岸，有一猕猴堕于水中，是故笑耳！”尸利毱多复白之言：“婆伽婆天眼清净，在此城内，遥见千里外那摩陀河上猕猴堕水！”众既定已，时树提伽以饭覆羹上，授与富兰那。富兰那言：“此饭无羹，云何可食？”树提伽即搅羹饭，语尸利毱多言：“今汝师者，尚不能见钵中饭下有羹，何能远知千里外猕猴堕于河耶？事验可知非一切智，但贪名闻为利养故。众生可愍：自既诳惑，复以教人。”

——《大庄严论经》卷十三

网　鸟

捕鸟师张罗网于泽上，以鸟所食物著其中。众鸟命侣[①]，竞来食之。鸟师引网，众鸟尽堕网中。时有一鸟，大而多力，身举此网，与众俱飞而去。鸟师见影，随而逐之。有人谓鸟师曰：“鸟飞虚空，而汝步逐，何其愚哉！”鸟师答曰：“不如来告[②]。彼鸟日暮要求栖宿，进趣[3]不同，如是当堕。”其人故逐不止。日已转暮，仰观众鸟，翻飞诤竞：或欲趣东，或欲趣西，或望长林，或欲赴涧。诤竞不止，须臾便堕。鸟师还得，次而杀之[4]。

——《众经撰杂譬喻》卷下

【注释】

①命侣：邀约伙伴。②不如来告：不像你所说的。③进趣：或来或去。④次而杀之：挨个杀了。

赤真珠的来处

昔有长者，居甚大富，众宝备具，唯无赤真珠，以为不足。便将人入海采珠。经历险阻，乃到宝处。刺身出血，油囊裹之，悬著海底。珠蛤闻血香，唼[1]食之，乃得出蚌。剖蚌出珠。采之三年，方得一珮[2]。发还[3]到海边。同伴见其得好宝，欲共图之。俱行取水，众人推著井中，覆之而去。堕在井底久，其人见有师子，从傍穴来饮水，其人复惶怖。师子去后，寻孔而出，还到本土。其伴归。到家呼曰：“卿得吾一珮，无人知；兼欲见害。卿可密尽相还[4]，吾终不言卿也。”其人怖懅，尽还其珠。珠主得已，持还。家有两儿，著珠共戏。共相问曰：“此珠出生何处？”一儿曰：“生我囊中。”一儿曰：“生室瓮中。”父见笑之。妇曰：“何笑？”答曰：“吾取此珠，勤苦乃尔。小儿依我得之，不识本末，谓生瓮中！”

——《众经撰杂譬喻》卷下

【注释】

①嗘：形容吃食时的声音。②琊：这里指把好珠穿缀成串。③发：出发、动身。还：回去。④密尽相还：暗中把全部归还。

《杂譬喻经》

演奏者和欣赏者

昔有伎儿[①]，作种种伎乐，从一富长者乞牛。长者了无[②]与心，故语之言：“汝能如是勤作伎乐，昼夜不息，满一岁者，我当与汝牛。”伎儿答言：“能！”复语主人：“能听不？”长者亦言：“能！”于是，伎儿闻是欢喜，一心作乐，三日三夜，未尝休懈。长者厌听，已，即敕子弟，牵牛与之。

——《杂譬喻经》*

---

* 《杂譬喻经》，旧题“比丘道略集”。也是一部从各种佛经中辑出的譬喻（包括寓言）选集。可能由于它和《众经撰杂譬喻》同为道略所集，因之也有名之为《众经撰杂譬喻经》的。

【注释】

①伎儿：音乐、杂技的演员。这是古代对这种演员含有轻蔑态度的称呼。②了无：一点儿、一丝一毫也没有。

木工和画工

昔北天竺[①]，有一木师，大巧，作一木女，端正无双，衣带严饰，与世女无异；亦来亦去，亦能行酒、看客[②]，唯不能语耳。时南天竺有一画师，亦善能画。木师闻之，作好饮食，即请画师。画师既至，便使木女行酒擎食，从旦至夜。画师不知，谓是真女，欲心极盛，念之不忘。时日以暮，木师入宿，亦留画师令住止，以此木女立侍其侧。便语客言："故留此女，可共宿也。"主人已入，木女立在灯边，客即呼之，而女不来。客谓此女羞故不来，便前以手牵之，乃知是木。便自惭愧，心念口言："主人诳我，我当报之。"于是，画师复作方便，即于壁上画作己像，所著被服与身不异，以绳系颈，状似绞死[③]，画作蝇鸟著其口啄。作已，闭户，自入床下。天明，主人出，见户未开，即向中观，唯见壁上绞死客像。主人大怖，便谓实死，即破户入，以刀断绳。于是，画师从床下出，木师大羞。画师即言："汝能诳我，我能诳汝，客主情毕，不相负也[4]。”——二人相谓：“世人相诳惑，孰异于此！”

——《杂譬喻经》

【注释】

①天竺：印度的古译。旧分东、南、西、北、中五国。②行酒：斟酒、敬酒。看客，招待客人。③绞死：上吊，吊死。④客主情毕，不相负也：意思说，主人用欺骗敬客，客人也用欺骗回敬，彼此拉平，谁也不欠谁的。

脚踏贵人口

外国小人，事贵人欲得其意[1]，见贵人唾地[2]，竞来以足踏去之。有一人不大健剿[3]，虽欲踏之，初不能得。后见贵人欲唾，始聚口时，便以足踏其口。贵人问言：“汝欲反[4]耶，何故踏吾口？”小人答言：“我是好意，不欲反也。”贵人问言：“汝若不反，何以至是？”小人答言：“贵人唾时，我常欲踏唾。唾才出口，众人恒夺我前，初不能得，是故就口中踏之也。”——此喻论议时，要须义出口[5]，然后难[6]也。若义在口，理未宣明，便兴难[7]者，喻若就口中踏之也。

——《杂譬喻经》

【注释】

①事：伺奉。欲得其意：想讨他的喜欢的意思。②唾地：朝地面吐痰、啐吐沫。③健剿：指身体强壮而灵活。④反：造反。⑤要须：总要或总要等待的意思。义：道理、主题。⑥难：质问、辩论。⑦兴难：提出质问、提出辩论。

【附】

昔有大富长者，左右之人欲取其意，皆尽恭敬。长者唾时，左右侍人以脚蹋却。有一愚者不及得蹋，而作是言：“若唾地者诸人蹋却，欲唾之时我当先蹋。”于是，长者正欲咳唾时，此愚人即便举脚蹋长者口，破唇折齿。长者语愚人言：“汝何以故蹋我唇口？”愚人答言：“若长者唾出口落地，左右谄者已得蹋去，我虽欲蹋，每常不及。以是之故，唾欲出口，举脚先蹋：望得汝意。”——凡物须时；时未及到，强设功力，返得苦恼：以是之故，世人当知时与非时。

——《百喻经》卷下

良医得重酬

昔有一大国王，身得重病，十二年不差[①]。一切大医，无能治者。时边方小国，统属大王[②]有一医师，善能治病。王即召来，令治己病。未久之间，即蒙除降[3]。王便念欲报此师恩[4]，屡遣使者，宣令彼国："此师治王病差，应有大功，宜应赏赐。象、马、车乘、牛羊、田宅、青衣直人[5]、严饰之具[6]，皆给与之。"彼小国王，奉宣上命，为设宅舍，高堂重阁；给其师妇衣裳、饮食、珠环、严具；及象、马、牛羊，一切备足。师在王边，无有语者[7]。师便思惟："我治王病大有功夫[8]，未知王当报我与不？"复经数日，王转平复[9]。其师请辞，欲还本国。王便听之。给一羸马，乘具亦弊[10]。师大叹恨："我治王病大有功夫，而王不识恩分[11]，不相料理[12]，令我空去。"循道愁叹，以为永恨。适至本国，见有群象，问象子[13]曰："此谁家象？"象子答曰："此是某甲师[14]象。"复问象子曰："某甲师何从得此象？"象子答曰："某甲师治大王病差功报所得也。"小复前行[15]，见有群马，问马子曰："此谁家马？"马子答曰："某甲师马。"小复前行，见有群牛羊，问群牛羊子曰："此谁家牛羊？"羊子答曰："某甲师牛羊。"小复前行，见其本舍，高堂重阁，殊异本宅，问门人曰："此是谁舍？"门人答曰："此是某甲师舍。"便入其阁内；见其妇形色丰悦，身服宝衣，怪而问曰："此谁夫人？"直人答言："此是某甲师夫人。"从见象、马及入舍内，皆知是治王病功报所得，便自追恨，本治王病功夫少也。

——《杂譬喻经》

【注释】

①差：这里同“瘥”，病愈，恢复健康。②边方小国，统属大王：指在这个大国统治之下的邻近一个小国。③除降：这里指病的好转、减轻。④报此师恩：酬谢这个医师的功劳。⑤青衣：女侍者的服装，也作女侍者的代词。直人：侍者。⑥严饰：装饰。严饰之具：装饰品。⑦无有语者：没有告诉他的。⑧功夫：指消耗的劳力和时间。⑨平复：身体如常没有病了。⑩羸马：瘦弱马。弊：破旧。⑪恩分：这里指功劳。⑫料理：这里意指照顾。不相料理：犹如说管都不管。⑬象子：牧象人。下文马子、牛羊子，就是牧马人、牧牛羊人。⑭某甲师：意指某医师（就是这个给国王治好病的医师）。⑮小复前行：前行不远的意思。

【附】

有一国王，身遇疾患，国中诸医，都不能治。时有良医，从远处来，治王病差。王大欢喜，作是思惟：“我今得医力，事须厚报。”作是念已，微遣侍臣，多赍财物，诣于彼医所住之处，为造屋宅养生之具，人民、田宅、象马、牛羊、奴婢、仆使，一切资产无不备具。所造既办，王便遣医，使还其家。时彼远医见王目前初无所遣，空手还归，甚怀恨恨。既将至家，道逢牛羊、象马，都所不识。问是谁许，并皆称是彼医名，是彼医牛马。遂到家已，见其屋舍庄丽；严饰、床帐、氍㲪、毾㲪、金银器物；其妇璎珞、种种衣服。时医见已，甚生惊愕，犹如天宫。问其妇言：“如此盛事，为何所得？”妇答夫言：“汝何不知？由汝为彼国王治病差故，生报汝恩。”——夫闻是已，深生欢喜，作是念言：“王极有德，知恩报恩，过我本望。由我意短，初来之时，以无所得，情用恨然。”

——《大庄严论经》卷十五

狂人国

外国时有恶雨，若堕江湖、河井、城池水中，人食此水，令人狂醉，七日乃解。时有国王，多智善相，恶雨云起，王以知之，便盖一井，令雨不入。时百官群臣食恶雨水，举朝皆狂，脱衣赤裸，泥土涂头，而坐王厅上。惟王一人独不狂也，服常所著衣，天冠璎珞，坐于本床。一切群臣不自知狂，反谓王为大狂：“何故所著独尔？”众人皆相谓言：“此非小事！”思共宜之[1]。王恐诸臣欲反，便自怖懅，语诸臣言：“我有良药，能愈此病。诸人小停[2]，待我服药，须臾当出。”王便入宫，脱所著服，以泥涂面。须臾还出。一切群臣见皆大喜，谓法应尔[3]，不自知狂。七日之后，群臣醒悟，大自惭愧，各著衣冠而来朝会。王故如前赤裸而坐。诸臣皆惊怪而问言：“王常多智，何故若是？”王答臣言：“我心常定，无变易也。以汝狂故，反谓我狂。以故若是，非实心也。”

——《杂譬喻经》

【注释】

①宜之：聚众商量，有闹事之意。②小停：暂停、略停。③法：指制度、道理。应尔：应该那样。

【按】

我国南朝宋尚书令袁粲，以文学称名，《宋书》有传。传中纪其尝和“周旋人”谈说：“昔有一国，国中一水，号曰‘狂泉’。国人饮此水，无不狂。唯国君穿井而汲，独得无恙。国人既并狂，反谓国主之不狂为狂，于是聚谋，共执国主，疗其狂疾，火艾针药，莫不毕具。国主不任其苦，于是到泉所，酌水饮之，饮毕便狂。君臣大小，其狂若一，众乃欢然。”《宋书》又说，袁粲谈完了这个故事，慨然而言：“我既不狂，难以独立，比亦欲试饮此水。”看来，袁粲原是引用佛经，窜改原文，以讽时政。史官竟把这一寓言当作他所编创的了。

新　王

昔有一国王子，年始七岁，便入深山求学仙道，未曾知朝廷百官之任[①]。后国王寿终，便无堪任为国王者。群臣共议：“山中仙人本是王子，兼修道德，以此为王，万国有赖也。”率土臣民[②]皆出诣山，拜此仙以为国王，乘以王舆，迎还本国。宣敕食官，妙馔盛味，以飨大王。王以食味可口故，其余诸物[③]，事事从厨士索之。群臣具皆笑，故谓王曰：“百官之任，各有所主[④]。厨官自主食，衣官自主衣，兵事、宝藏各有所司[⑤]，不可以食美故责备一人也。”——此喻明众经各自有所明，不可责备于一经也。

——《杂譬喻经》

【注释】

①任：指工作上的分工。②率土臣民：全国、全境的臣民。③其余诸物：指食物外的一切需要。④主：主管。⑤司：担负的责任。

热马屎涂鞭伤

昔有田舍人，暂至都下，见被鞭[①]，持热马屎涂背。问言：“何故若是？”其人答：“令疮[②]易愈而不作瘢。”田舍人密著心中。后归家，语其家人言：“我至都下，大得智慧。”后家人问言：“得何等智慧？”便呼奴言：“持鞭来，痛[③]与我二百鞭！”奴畏大家，不敢违命，即痛与二百鞭，流血被背。语奴言：“取热马屎来为我涂之，可令易愈而不作瘢。”语家人言：“汝知之不——此是智慧？”

——《杂譬喻经》

【注释】

①被鞭：这里是指别人挨人鞭打。②疮：这里指创伤。③痛：这里是狠狠地意思。

【附】

昔有一人，为王所鞭。既被鞭已，以马屎傅之，欲令速差。有愚人见之，心生欢喜，便作是言：“我快得是治疮方法！”即便归家，语其儿言：“汝鞭我背。我得好法，今欲试之。”儿为鞭背。以马屎傅之。以为善巧。

——《百喻经》卷上

蛇头蛇尾争大

昔有一蛇，头尾自相与诤。头语尾曰：“我应为大！”尾语头曰：“我亦应大！”头曰：“我有耳能听，有目能视，有口能食，行时最在前，是故可为大。汝无此术，不应为大。”尾曰：“我令汝去，故得去耳；若我——”以身绕木三匝，三日而不已，头遂不得去求食，饥饿垂死。头语尾曰："汝可放之，听汝为大。"尾闻其言，即时放之。复语尾曰："汝既为大，听汝在前行。"尾在前行，未经数步，堕火坑而死。

——《杂譬喻经》

【附】

有蛇尾语头言："我应在前。"头语尾言："我恒在前，何以卒尔？"头果在前，其尾缠树不能得去；放尾在前，即堕火坑烧烂而死。

——《百喻经》卷下

两个卖奶人

昔天竺国有二贫人，营生计俭①，常卖酪自存②。二人各头戴③酪瓶，诣市欲卖。时值天雨，道路泥滑。一人有智，自思惟言："今日泥雨，道路难行，我或倾倒，瓶破失尽。今并出酥④，若我当倒，所失无几。"一人少智，全持诣市。中途泥滑，二人俱倒。一人愁忧涕泣，宛转卧地；一人都无愁色，亦不懊恨。有人问言："汝等二人，酪瓶俱破，所失亦等⑤，彼此无异。何故一人独愁，涕泣懊恨；一人静然，都无恨色？"一人答曰："我所持酪，都未出酥，今日瓶破，所失荡尽。是以懊恨不能自胜。”一人答言：“我所持酪，先已出酥，今瓶虽坏，所失无几。是以坦然无所恨也。”

——《杂譬喻经》

【注释】

①营生：谋生、维持生活。计：方法、办法。俭：这里是欠缺、短少的意思。②酪：这里指牛羊奶汁。自存：维持生存。③戴：顶着。④酥：这里指从牛羊奶汁上撮取的奶油。⑤等：相等，一样的东西，一样的数量。

圣医死药草哭

天下草木皆可为药。直不善别者[①]，故不知耳。昔有圣医名曰耆域[②]，能和合药草作童子形，见者观喜，众病皆愈。或以一草治众病，或以众草治一病。天下之草，无有不任用者；天下之病，无有不能治者。耆域命终，天下药草一时涕哭，俱发声言：“我皆可用治病，唯有耆域能明我耳；耆域死后，无复有人能明我者。后世人或能错用，或增或减令病不差，令举世人皆谓我不神，思惟此以故涕哭耳！”唯有一诃梨勒[③]，别在一面，独不涕哭，自言：“我众病皆能治。服我者病皆当差，不服我者自不差耳。不须人明，故不涕耳。”

——《杂譬喻经》

【注释】

①直：这里同“值”，遇。别：分辨、认识。②耆域：也写作耆婆，印度古代名医，据说与佛同时。③诃梨勒：简作诃子，使君子科乔木，果实可入药。它属于收敛药类，说它众病皆治，是夸张的。

《长阿含经》

麻、棉、白银和黄金

国有二人，一智一愚。自相谓曰："我是汝亲[①]，共汝出城，采穞[②]求财。"即寻相随，诣一空聚[③]，见地有麻，即语愚者："共取持归。"时彼二人，各取一担。复过前村，见有麻缕[④]，其一智者言："麻缕成功，轻细可取。"其一人言："我已取麻，系缚牢固，不能舍也。"其一智者，即取麻缕，重而还去。复共前进，见有麻布，其一智者言："麻布成功，轻细可取。"彼一人言："我已取麻，系缚牢固，不能复舍。"其一智者，即舍麻缕，取布自重。复共前行，见有劫贝[⑤]，其一智者言："劫贝价贵，轻细可取。"彼一人言："我已取麻，系缚牢固，赍来道远，不能舍也。"时一智者，即舍麻布，而取劫贝。如是前行，见劫贝缕⑥，次见白㲲⑦，次见白铜，次见白银，次见黄金。其一智者言：“若无金者，当取白银；若无白银，当取白铜、乃至麻缕；若无麻缕，当取麻耳。今者，此村大有黄金，众宝之上。汝宜舍麻，我当舍银，共取黄金，自重而归。”彼一人言：“我取此麻，系缚牢固，赍来道远，不能舍也。汝欲取者，自随汝意。”其一智者，舍银取金，重担而归。其家亲族，遥见彼人大得金宝，欢喜奉迎。时得金者，见亲族迎，复大欢喜。其无智人，负麻而归，居家亲族，见之不悦，亦不起迎。其负麻者，倍增忧恼。

——《长阿含经》* 卷七

【注释】

①亲：这里指亲密的朋友。②穞：野生植物。本篇中泛指旷野无主的值钱东西。③聚：村落。空聚：荒村。④麻缕：麻线。⑤劫贝：也写作吉贝，棉花。⑥劫贝缕：棉线。⑦白㲲（dié）：也写作白叠，棉布。

---

* 《长阿含经》，旧题“姚秦·佛陀耶舍、竺佛念共译”。佛教早期流传下来的教法，有“四阿含”：《长阿含经》、《中阿含经》、《杂阿含经》、《增一阿含经》。《长阿含经》是其中文字较长的一种。

吹 法 螺

昔有一国，不闻贝[1]声。时有一人，善能吹贝，往到彼国，入一村中，执贝三吹，然后置地。时村人男女，闻声惊动，皆就[2]往问："此是何声——哀和清彻，乃如是耶？"彼人指贝曰："此物声也。"时彼村人，以手触贝曰："汝可作声！"贝都不鸣。其主即取贝，三吹置地。时村人言："向者美声，非是贝力；有手、有口、有气，吹之然后乃鸣。"

——《长阿含经》卷七

【注释】

①贝：这里指能吹得响的梭尾螺，佛教徒常吹它作为举行仪式时的乐器，通称海哼罗或法螺，也称梵贝。②就：挨近、凑拢。

【附】

往昔有一聚落，其中人民，不识螺相，亦复未曾闻其螺声。忽有一人，从外而来，到彼聚落，而便止住。是人常持一螺，以为功业。每日执螺，诣于圣像，鸣螺供养。一切人民，忽闻螺声，咸悉惊怪。共往螺处，问彼螺言："尔从何来，可依实答；若不言实，我当破汝。”螺既无情，岂能言答。

——《大正句王经》卷上

小儿守火

梵志欲游人间，语小儿曰：“我有少缘[①]，欲暂出行。汝善守护此火，慎勿使灭。若火灭者，当以钻钻木，取火然[②]之。”具诫勅已，出林游行。梵志去后，小儿贪戏，不数视火，火遂便灭。小儿戏还，见火已灭，吹灰求火，不能得；已，便以斧劈薪求火，复不能得；又复斩薪，置于臼中，捣以求火，又不能得。尔时，梵志于人间还，诣彼林所，问小儿曰：“吾先敕汝，使守护火，火不灭耶？”小儿对曰：“我向出戏，不时护视，火今以灭。”复问小儿：“汝以何方便更求火耶？”小儿报曰：“火出于木。我以斧破木，求火不得；复斩之令碎，置于臼中，杵捣求火，复不能得。”时彼梵志以钻钻木出火，积薪而然。告小儿曰：“夫欲求火，法应如此，不应破薪杵碎而求。”

——《长阿含经》卷七

【注释】

①少缘：佛教认为，一切人事接触都由于缘法。有少缘：犹

如说有点小事。②然：这里同“燃”。

戴粪

时有一人，好喜养猪；诣他空村，见有乾粪。寻自念言：“此处饶粪，我猪豚[1]饥，今当取草，裹此乾粪，头戴而归。”即寻取草，裹粪而戴。于其中路，逢天大雨，粪汁流下，至于足跟。众人见已，皆言：“狂人！粪涂臭处，正使天阴，尚不可戴。况于雨中，戴之而行？”其人方怒，逆骂詈言：“汝等自痴，不知我家猪豚饥饿，汝若知者，不言我痴。”

——《长阿含经》卷七

【注释】

①豚：小猪。

《杂阿含经》

三瓮盛水

如世人有三种瓮：有一水瓮，坚完不损，无有孔裂，亦无渗漏；其第二瓮，亦完不破，无有孔裂，少有渗漏；第三瓮者，亦破亦漏。“彼人注水，应先何器？”对曰：“先于不破漏者；完器满已，注第二器，其第二器，虽完不破，然小渗漏；其第三瓮，虽复漏破，亦应注水，为未漏间暂得用。”

——《杂阿含经》* 卷十五

* 《杂阿含经》，旧题“刘宋·求那跋陀罗译”。是“四阿含”中文字较短的一种。

猫狸吞鼠

有一猫狸，饥渴羸瘦，于孔穴中，伺求鼠子。时有鼠子，出穴游戏时，被猫狸疾取吞之。鼠子身小，生入腹中；入腹中已，食其内藏①。食内藏时，猫狸迷闷，东西狂走，空宅冢间，不知何止，遂至于死。

——《杂阿含经》卷四十七

【注释】

①内藏：即内脏。

《杂宝藏经》

派老父看门

往昔婆罗柰国[①]，有不善法[②]流行于世，父年六十，与著敷毾[③]，使守门户。尔时，有兄弟二人，兄语弟言："汝与父敷毾，使令守门。"屋中唯一敷毾，小弟便截半与父而白父言："大兄与父，非我所与。大兄教父使守门。"兄语弟言："何不尽与敷毾，截半与之？"弟答言；"适有一敷毾，不截半与，后更何处得？"兄闻言："更欲与谁？"弟言："岂可得不留与兄耶？"兄言："何以与我？"弟曰："汝当年老，汝子亦当安汝置于门中。"兄闻此语，惊愕曰："我亦当如是耶？"弟言："谁当代兄！"

——《杂宝藏经》*

* 《杂宝藏经》，旧题"元魏·（西域）吉迦夜共昙曜译"。

【注释】

①婆罗柰国：婆罗洲古代一个小国。②法：这里指传统的风俗习惯。③敷氍（lǘ）：粗毛织的毯子。

【按】

原文下还有一段，说："便语兄言：'如此恶法，宜共除舍。'兄弟相将共至辅相所，以此言论向辅相说。辅相答言：'实尔，我等亦共有老。'辅相启王。王可此语，宣令国界，孝养父母，断先非法，不听更尔。"

一鸟二头

昔雪山中有鸟，名为"共命"，一身二头。一头常食美果，欲使身得安隐[①]。一头便生嫉妒之心，而作是言："彼常云何食好美果，我不曾得？"即取毒果食之，使二头俱死。

——《杂宝藏经》

【注释】

①安隐：同"安稳"。

自业力活

昔波斯匿王，于卧眠中闻二内官[①]共诤道理。一作是言：“我依王活。”一人答言：“我无所依，自业力活[②]。”王闻此已，情可于彼[③]“依王活”者而欲赏之。即遣直人语夫人言：“我今当使一人往者，重与钱财、衣服、璎珞。”于是寻遣“依王活”者，持已所饮余残之酒以与夫人。尔时，此人持酒出户，鼻中血出，不得前进。会复值彼“自业活”者，即倩[④]持酒往与夫人。夫人见已，忆王之言，赐其钱财、衣服、璎珞。还于王前。王见此人，深生怪惑，即便唤彼“依王活”者而问之言：“我使汝去，云何不去？”答言：“我出户外，卒得衄鼻，竟不堪任；即便倩彼，持王残酒以与夫人。”王时叹言：“我今乃知佛语为实，‘自作其业，自受其报’，不可夺也[⑤]。”

——《杂宝藏经》

【注释】

①内官：国王的近侍、王宫内管理事务勤杂人员（包括太监在内）。②业力：佛教指命运。③情可于彼：同情（同意）于那个人。④倩：这里同“请”。⑤夺：否定、改变。

【附】

忧悦伽王于昼睡眠。有二内官，一在头前，一在脚底，持扇捉拂，共作论议：“我等今者为王所念，为以何事？”一则自称：“是我业力。”一则自称：“我因王力。由是之故奉给于王。”……时彼二人，由竞理故，其声转高。一作是言：“我依王活！”第二者言：“我依业力！”王闻是声，即便睡悟，而问之言：“何故高声？”王又闻彼二人诤论。……王心不悦，即便……往夫人所，语夫人言：“今当遣人来到汝边，汝好庄严如帝释幢。”夫人答言：“当奉王教。”时王以葡萄浆与彼“依王活”者，送与夫人。既遣之已，作是思惟：“称‘业力’者今应当悔作如是语。”作是念已，未久之间，彼“业力”者，著好衣服，来至王边。王见之已，甚大生怪……问彼人言：“好实语我：汝恃业力，我故不遣。汝云何得？”即以事状具向王说：“此人奉使，既出门已，卒尔鼻衄；即以此浆与我，使送到夫人边，得是衣服。”

——《大庄严论经》卷十五

【按】

这个寓言的创作目的，是在宣扬唯心的宿命论，毫无疑义。由于中国儒家原有“死生有命、富贵在天”的思想，因此，这个寓言也被移植过来，换上中国人名，成为中国的“名人逸事”了。作为故事出现，先见于唐人张鷟《朝野佥载》，文云：“魏征为仆射，有二典事之。长参时，征方寐，二人窗下平章。一人曰：‘我等官职，总由此老翁。’一人曰：‘总由天上。’征闻之，遂作一书，遣‘由此老翁’者送至侍郎处，云：‘与此人一员好官。’其人不知，出门心痛，凭‘由天上’者送去。明日引注，‘由此老翁’者被放，‘由天’者得留。征怪之，问焉。遽以实对。乃叹曰：‘职料由天，固自不灵。’”到了宋代，这个故事复见于吴曾《能改斋漫录》，主角却摇身一变，成为宋仁宗（赵祯）了。文云：“仁宗尝御便殿，有二近侍争辩。仁宗问之。甲言‘贵贱在命’，乙言‘由至尊’。帝默然。即以二小金合，各书数字藏于内曰：‘先到者，保奏给事有劳推恩。’封闭甚严。先命乙携一往内东门司；约及半道，命甲携一继往。无何，内东门司保奏甲推恩。问之，乃是乙半道伤足，甲遂先到。帝叹曰：‘信有命哉！’”宋人笔记传此事的，还有曾敏行《独醒杂志》，文云：“仁宗皇帝尝闲步禁中，闻庑外有哗者，稍逼听之，乃二卫士。甲曰：‘人生富贵，在命有无。’乙曰：‘不然！今日为宰相，明日有贬削为匹夫者；今日为富家，明日有官籍而没之者：其权正在官家耳。’因相与诘难未服，故争辨不已。帝因密识其人。一日，出金奁，封缄甚密，特呼乙送往内东门。行将达，忽心腹痛作，不堪忍；惧愆其期，偶与甲遇，令代捧以先。门司启奁，乃得御批云：‘去人给事有劳，可保明补官。’乙随至，则辩曰：‘已得旨送奁，及门疾作，令甲代之尔。’门司覆奏；帝命与持至者，甲遂补官。”这三部书一直流传，前人颇有从其中撮取资料、以为信史的；若用这个“冒名顶替”的故事以例其余，它的真实性如何，就可想而知了。

学说好话

昔舍卫城中，有大长者，其家巨富，财宝无量。常于僧次而请沙门就家供养[①]。尔时，僧次次舍利弗及摩诃罗[②]，至长者家。长者见已，甚大欢喜。当于时日，入海贾客，大获珍宝，安隐归家；时彼国王，分赐聚落，封与长者；其妻怀妊，复生男儿：诸欢庆事，同时集会。舍利弗等既入其家，受长者供。饭食已讫，长者行水[③]，在尊者[④]前，敷小床座[⑤]。舍利弗咒愿[⑥]而言："今日良时得好报，财利乐事一切集，踊跃欢喜心悦乐，信心踊发念十力[⑦]，如似今日后常然。"长者尔时闻咒愿已，心大欢喜，即以上妙好氎二张施舍利弗，然摩诃罗独不施与。时摩诃罗还寺惆怅，作是念言："今舍利弗所以得者，正由咒愿适长者意，故获是施。我今应当求是咒愿。"即语舍利弗言："向者咒愿，愿授与我。"即答之言："此咒愿者，不可常用：有可用时，有不可用时。"摩诃罗恳勤求请："愿必授我。"舍利弗不免其意[⑧]，即授咒愿。既蒙教授，寻即读诵，极令通利[⑨]。作是思惟："我当何时次第及我得为上座[⑩]，用此咒愿？"时因僧次到长者家，得作上座。时彼长者，贾客入海，亡失珍宝；长者之妇，遭罹官事，儿复死丧。而摩诃罗说本咒愿，言"后常然"。尔时，长者既闻是语，心怀忿恚，寻即驱打，推令出门。

——《杂宝藏经》

【注释】

①僧次：庙、和尚聚居的地方。沙门：和尚。就家供养：在家里设斋会款待。②第二个“次”字，是在其中的意思。僧次次，犹如说庙里和尚之中。舍利弗：居释迦牟尼十大弟子之首，以智慧称。摩诃罗：泛指老年无知的和尚，此处作为人名。③行水：饭后献水。④尊者：年高有德的和尚。这里指舍利弗和摩诃罗二人。⑤敷：陈设。小床座：这里指坐榻、椅子。⑥咒愿：祷告。⑦十力：佛教所指种种预知的智慧。⑧不免其意：不违背他的愿望。⑨通利：理解而流畅。⑩上座：首席。

鹳雀衔草

一鹳雀口中衔草，语诸鸟言：“我等应当共相怜愍，集会一处而共住止。”尔时，诸鸟皆信其言，而来聚集。时此鹳雀伺众鸟等一切行后，就他巢穴，啄卵饮汁，杀他子食。众鸟将至，更复衔草。众鸟既还，见有此事，咸皆瞋责。而此鹳雀拒言：“我不！”时诸鸟辈知其谄欺，悉舍而去。

——《杂宝藏经》

乌鸦苦肉计

昔有乌、枭，共相怨憎。乌待昼日，知枭无见，踏杀群枭，啖食其肉；枭便于夜，知乌眼暗，复啄群乌，开穿其肠，亦复啖食：畏昼畏夜，无有竟已[①]。时群乌中有一智乌，语众乌言："已为怨憎，不可解救[②]，终相诛灭，势不两全。宜作方便[③]殄灭诸枭，然后我等可得欢乐。若其不尔[④]终为所败。"众乌答言："如汝所说，当作何方得灭仇贼？"智乌答言："尔等众乌，但共啄我：拔我毛羽，啄破我头。我当设计，要令殄灭。"即如其言。憔悴形容，向枭穴外而自悲鸣。枭闻声已，便出语言："今尔何故，故伤头脑，毛羽毁落，来至我所？悲声极苦，欲何所说？"乌语枭言："众乌仇我，不得生活。故来相投，以避怨恶。"时枭怜愍，欲存养畜[⑤]。众枭皆言："此是怨家，不可亲近。何缘养畜，以长怨敌？"时枭答言："今以困苦，来见投造[⑥]，一身孤单，竟何能为！"遂便畜养，给与残肉。日月转久，毛羽平复。乌诈欢喜，微作方计[⑦]，衔干树枝并诸草木，著[⑧]枭穴中，似如报恩。枭语乌言："何用是为？"乌即答言："孔穴之中纯是冷石，用此草木以御风寒。"枭以为尔[⑨]，默然不答。而乌于是即守求空穴，诈给使令[⑩]，用报恩养。时会暴雪，寒气猛盛，众枭率尔来集孔中[⑪]。乌得其便，寻生欢喜，衔牧牛人火，用烧枭孔。众枭一时于是殄灭[12]。

——《杂宝藏经》

【注释】

①无有竟已：没完没了的意思。②不可解救：没有办法可以和解。③方便：主意、方法、计策。作方便：打个主意的意思。④若其不尔：倘若不是这样。⑤畜：收容饲养。⑥造（zào）：来到。⑦微：暗地里。方计：义同“方便”。⑧著（zhuó）：放在。⑨尔：这里有应该这样、不过这样的含义。⑩诈给使令：伪装听使唤。⑪率尔：匆忙不加考虑。孔：这里指巢穴。⑫殄灭：完全消灭。

一词四解

言“那婆”[①]者凡有四名[②]：一名新，二名九，三名非汝所有，四名不着。如有人言：“我所服者是那婆衣。”难曰：“今汝所着，唯是一衣，云何言九？”答曰：“我言那婆，乃新衣耳，非谓九也。”难曰：“何名为新？”答曰：“以那婆毛作，故名新。”问曰：“实无量[③]毛，云何而言那婆毛耶？”答曰：“我先已说，新名那婆，非是数也。”难曰：“今知此衣是汝所有，云何乃言非我衣乎？”答曰：“我言新衣，不言此物非汝所有。”难曰：“今现见汝身着此衣，云何而言不着衣耶？”答曰：“我言新衣，不言不着。”

——《方便心论》*

【注释】

①那婆：梵文中一个词语的音译。②名：指意义、解释。③无量：很多、无从计算的数量。

* 《方便心论》，旧题“后魏·（西域）吉迦夜译”。

《贤愚经》

母子马

特叉尸利、舍卫二国[①]，共相嫌隙，常不和顺。时特叉尸利王欲试舍卫有圣智不，遣一使者至舍卫国，送牸马[②]二匹，而是母子，形状毛色，一类无异。“能别识者，实为大善。”王及群臣不能分别。时梨耆弥[③]从官归家，儿妇问言：“有何消息？”翁[④]即答言，如向所见。儿妇白言：“此事易知，何足为忧！但取好草，并头而与。其是母者，推草与之；其是子者，曳搏[⑤]食之。”时梨耆弥寻往白王。王如其语，以草试之，果如其策，母子区别。即语使者：“斯是马母，彼是其驹。”时使答言：“审如来语，无有差错。”王大欢喜，倍加爵赏。

——《贤愚经》* 卷七

【注释】

①特叉尸利、舍卫：印度二古国名。②牸马：母马、牝马。③这个寓言，是从《贤愚经》梨耆弥智媳故事中摘录的。梨耆弥：当时的大臣。④妐：也作“公”，妇女对丈夫的父亲的称呼。一般称公公。⑤曳：也作“拽”。曳摶：抓住、拖扯。

蛤蟆捕虫

耕者以犁垦地，虫从土出，蛤蟆拾吞；复有蛇来，吞食蛤蟆；孔雀飞来，啄食其蛇。

——《贤愚经》卷八

【按】

这个寓言，形式和意义，同于中国先秦寓言“螳螂捕蝉，不知黄雀在后”（见《韩诗外传》等书）。

---

* 《贤愚经》，旧题“元魏·（凉州）慧觉等在高昌郡译”。

二母争儿

二母人共诤一儿，诣王相言[①]。时王明黠，以智权计，语二母言："今唯一儿，二母召之。听汝二人，各挽一手，谁能得者，即是其儿。"其非母者，于儿无慈，尽力顿牵，不恐伤损；所生母者，于儿慈深，随从爱护，不忍曳挽。王鉴真伪，语出力者："实非汝子，强挽他儿。今于王前，道汝事实。"即向王首[②]："我审[③]虚妄，枉名他儿。大王聪圣，幸恕虚过。"儿还其母，各尔放去。

——《贤愚经》卷十一

【注释】

①诣王相言：意指到国王处打官司。②首：这里是自首的意思。③审：确实、果然。

【按】

中国元人杂剧中有《灰阑记》一种，题署李行道（一作李行甫）撰。剧中写富翁马均卿，娶张海棠为妾，生一子。大妇淫恶，药毒杀夫，推诿海棠身上；因己无子，又复强认海棠子为己所生。后经包拯审断，剖析真伪，事乃大白。包的审判方法：用石灰在阶下画一栏（圈、格子），立儿栏内，让两妇在外拖拽，窥其不肯用力的为儿的生母。主题故事，在第四折中。显然是从佛经中稗贩而来。清初，黄文旸《曲海总目提要》，说此剧“亦龙图公案之一。其事有无不可考。决疑断狱，颇得情理，足为吏治之助”云云。前人尝称颂“包公案”出入神明，疑被当作能吏断案的“箭靶”；却不知道还有摄取外国故事，加以渲染，竟然也列在他的名下了。

《福盖正行所集经》

二鬼争宝

二鬼竞[1]三种物：谓箧，谓履，谓椎。两相交争，扬声大唤，云："某方所[2]有婆罗门，彼甚正直，可断此事。"二鬼舁物，即往彼处，合掌白言："大婆罗门！汝当为我均分此物。"婆罗门言："此微物耳，何须相竞，远来求决[3]？"二鬼说言："此非小事，最极难得！汝观此箧，则能变现[4]，随所欲物，皆从中出；此双履者，人或蹑之，则能升天，受诸妙乐；又彼椎者，则能摧伏一切冤敌，皆令退散。"时婆罗门闻是语已，即令二鬼退立一面，"我当为汝良久思惟，分此三物，各得平等"。彼婆罗门遂着其履，复取椎、箧，乘空而去。二鬼见已，悔令知是三物，为他所有。

——《福盖正行所集经》* 卷六

【注释】

① 竞：争夺。② 某方所：某处。③ 决：公断、仲裁。④ 变现：变出东西来。

【附】

昔有二毗舍阇鬼，共有一箧、一杖、一屐。二鬼共诤，各各欲得。二鬼纷纭，竟日不能使平。时有一人，来见之已，而问之言："此箧、杖、屐，有何奇异——汝等共诤，瞋忿乃尔？"二鬼答言："我此箧者，能出一切衣服、饮食、床褥、卧具，资生之物，尽从中出；执此杖者，怨敌归服，无敢与诤；著此屐者，能令人飞行无挂碍。"此人闻已，即语鬼言："汝等小远，我当为尔平等分之。"鬼闻其语，寻即远避。此人即时抱箧、捉杖、蹑屐而飞；二鬼愕然，竟无所得。人语鬼言："尔等所诤，我已得去；今使尔等更无所诤。"

——《百喻经》卷上

* 《福盖正行所集经》，旧题"龙树菩萨集，宋·（天竺）日称等译"。

《说法经》

守树待肉

野干[①]见甄叔迦树，其果似肉。见落地时，便往欲食。知其非肉，更复生念："今此非肉；彼树上者，必当是肉。"遂便守之，为其所困。

——《说法经》*

【注释】

①野干：兽名，梵语悉伽罗的音译，似狐而小，夜鸣如狼。

* 《说法经》，全名原为《宾头卢突罗阇为优陀延王说法经》，旧题"宋·（天竺）求那跋陀罗译"。据传，宾头卢突罗阇是拘舍弥城辅相的儿子，出家学道，后来回来给优陀延王说法，写成此经。创作形式和《那先比丘经》相仿佛。

【附】

有乌素贪肉食。山树有叶，其像肉色。昼夜伺捕，延颈仰望。在树像肉，堕即为叶。迷惑所缠，不自觉寤，如是不息，丧命于彼。

——《出曜经》卷二十二

【按】

这个寓言，和中国战国时《韩非子》中《守株待兔》故事略同。但《守株待兔》是批判经验主义者错误地把特殊、个别的现象，当作一般、经常的现象；这个寓言，却批判唯心主义者即使从实验中证明了事物，偏要视若无睹，坚持由错觉形成的主观成见。

吠井投井

如狗吠井，自见形影，怒眼竖毛。谓井底影，欲共己斗，横生瞋忿，投井而死。

——《说法经》

《大乘宝要义论》

独眼龟钻木孔

大地流水充满。有人取木，开一孔穴①，置于水中。是木轻浮，随风飘流，东风西向，西风东向②，南北所吹，亦复如是。有一眼龟，居其水内，寿命无数百岁③。凡经百岁，自水一浮，投木孔中④。……彼一眼龟，如是寿极长远，百岁一浮，可能得值浮木孔耶？

——《大乘宝要义论》* 卷一

* 《大乘宝要义论》，旧题“宋·（西天）法护、惟净等译”。

【注释】

①开一孔穴：在木板上凿一个洞。②东风西向：东风吹向西；西风东向：西风吹向东。③无数百岁：无数个一百岁，意指寿命非常之长。④投木孔中：指朝向木板洞孔钻去。

【附一】

地界水满其中，东西南北地无空缺处，有一瞎鳖，无数千劫不可称计，生长于水。有一薄板，纵广一肘，唯有一孔。为风所吹。然彼瞎鳖，经历百岁，一举东看，风吹板在南方；……复经百岁，复得南看，风吹板复在西方；……如是：西方隅角，亦复如是。……此瞎鳖身，会当与孔相值不耶？此事极难，时乃有相值期耳。

——《出曜经》卷二

【附二】

有一小儿，闻经中说，盲龟值浮木孔，其事甚难。时此小儿，故穿一板作孔受头，掷著池中。自入池中，低头举头，欲望入孔。水漂板故，不可得值。即自思惟："……我今池小，其板孔大，复有两眼，日百出头，犹不能值，况彼盲龟，而当得值？"

——《大庄严论经》卷六

《百喻经》

挤牛奶

昔有愚人，将会宾客，欲集牛乳，以拟供设，而作是念："我今若预于日日中毂取牛乳①，牛乳渐多，卒无安处，或复酢败；不如即就牛腹盛之，待临会时，当顿②毂取。"作是念已，便捉牸牛母子，各系异处。却后一月，尔③乃设会，迎置宾客。方牵牛来，欲毂取乳。而此牛乳即干无有。时为众宾或瞋或笑。

——《百喻经》* 卷上

* 《百喻经》，全名或作《百句譬喻经》。旧题"尊者僧伽斯那撰，萧齐·（天竺）三藏求那毗地译"。卷前旧有《百句譬喻经记》，云"出《三藏记集》卷第九"，文云："永明十年九月十日，中天竺法师求那毗地出《修多罗藏》十二部经

【注释】

①预：预先。日日中：每日，犹如口语中说的每天。縠（gòu）：指挤牛奶这个动作。②顿：集中在一次、打趸。③尔：指这个时候。

【附】

昔有一婆罗门，居家贫穷，正有一牸牛，縠乳，日得一斗，以自供活。闻说十五日饭诸众僧沙门，得大福德，便止不复縠牛，停至一月并取，望得三斛，持用供养诸沙门。至满月，便大请诸沙门，至舍皆坐。时婆罗门即入縠牛乳，正得一斗。虽久不縠乳而不多。诸人呵骂，言："汝痴人！云何日日不縠，乃至一月也，而望得多？"

——《众经撰杂譬喻》卷上

（接上页）（按：此是佛经中所谓'契经'）。中钞出譬喻，聚为一部，凡一百事。天竺僧伽斯法师集行大乘，为新学者撰说此经。"卷末复有题记云："尊者僧伽斯那造作'痴花鬘'竟。"按：此书是佛经选集之一。上卷五十篇，下卷四十八篇，实不足一百之数。所谓"痴花鬘"疑即《出曜经》中所载故事（本书署题《水泡花鬘》），但此书却未录；是否漏掉两篇，而此篇正在其中，也难说。鲁迅先生早年很欣赏此书。金陵刻经处一九一四年版，书末题云："会稽周树人，施洋银六十圆，敬刻此经，连圈计字二万一千零八十一个，印送功德书一百本。余资六圆，拨刻《地藏十轮经》。民国三年秋九月，金陵刻经处识。"

光头挨打

昔有愚人，头上无毛。时有一人，以梨[1]打头，乃至二三，悉皆伤破。时此愚人，默然忍受，不知避去。傍人见已而语之言："何不避去；乃住[2]受打，致使头破？"愚人答言："如彼人者，憍慢恃力，痴无智慧，见我头上无有发毛，谓为是石，以梨打我头破乃尔。"傍人语言："汝自愚痴，云何名[3]彼以为痴也？汝若不痴，为他所打，乃至头破，不知逃避？"

——《百喻经》卷上

【注释】

①梨：这里当作"犁"。②住：停留。③名：称、指。

葬　子

昔有愚人，养育七子。一子先死。时此愚人见子既死，便欲停置于其家中，自欲弃去[1]。傍人见已而语之言："生死道异，当速庄严，致于远处而殡葬之；云何得留，自欲弃去？”尔时愚人闻此语已，即自思念：“若不得留，要当葬者，须更杀一子，停担两头，乃可胜致[2]。”于是便更杀其一子而担负之，远葬林野。时人见之，深生嗤笑，怪未曾有。

——《百喻经》卷上

【注释】

① 这里意思是说，把死了的儿子放在家里，自己却离开。② 这里意思是说，一个尸首不好挑，担子两头各挑一个尸首才便利。

夸　父

昔时有人，于众人中，叹己父德而作是言：“我父慈仁，不害不盗，直作实语，兼行布施。”时有愚人，闻其此语，便作是念，言：“我父德行，复过汝父。”诸人问言：“有何德行，请道其事。”愚人答曰：“我父小来断绝淫欲，初无染污[1]。”众人语言：“若断淫欲，云何生汝？”深为时人之所怪笑。

——《百喻经》卷上

【注释】

①这里意思是说，从来没有和异性发生过男女关系。

盖　楼

往昔之世，有富愚人，痴无所知。到余富家，见三重楼，高广严丽，轩敞疏朗。心生渴仰，即作是念："我有财钱不减于彼，云何顷来[①]而不造作如是之楼？"即唤木匠而问言曰："解作彼家端正舍不[②]？"木匠答言："是我所作。"即便语言："今可为我造楼如彼。"是时，木匠即便经地垒墼[③]作楼。愚人见其垒墼作舍，犹怀疑惑，不能了知[④]，而问之言："欲作何等[⑤]？"木匠答言："作三重屋。"愚人复言："我不欲下二重之屋，先可为我作最上屋。"木匠答言："无有是事！何有不作最下重屋，而得造彼第一之屋？不造第二，云何得造第三重屋？"愚人固[⑥]言："我今不用下二重屋，必可为我作最上者。"时人闻已，便生怪笑，咸作此言："何有不造下第一屋而得上者！"

——《百喻经》卷上

【注释】

①顷来：指最近的过去一段时间。②解：了解、懂、会的

意思。不：这里同“否”，问词。③经地：丈量和划分地面。墼（jī）：奠基的砖块。④了知：完全明白。⑤何等：什么样的。⑥固：顽固、坚持。

杀子显先知

昔有婆罗门，自谓多知，于诸星术、种种技艺，无不明达。恃己如此，欲显其德[①]，遂至他国，抱儿而哭。有人问婆罗门言：“汝何故哭？”婆罗门言：“今此小儿，七日当死。愍其夭殇，以是哭耳！”时人语言：“人命难知，计算喜错[②]。设七日头或能不死，何为预哭？”婆罗门言：“日月可暗，星宿可落；我之所记，终无违失。”为名利故，至七日头，自杀其子，以证己说。时诸世人，却后七日，闻其儿死，咸皆叹言：“真是智者，所言不错。”心生信服，悉来致敬。

——《百喻经》卷上

【注释】

①德：这里是指宗教徒所谓的道行。②喜错：容易错。

扇汤止沸

昔有愚人，煮黑石蜜[1]。有一富人，来至其家。时此愚人便作是念："我今当取黑石蜜浆与此富人。"即著少水，用置火中；即于火上，以扇扇之，望得使冷。傍人语言："下不止火，扇之不已，云何得冷？"尔时，众人悉皆嗤笑。

——《百喻经》卷上

【注释】

①黑石蜜：红糖。

爱发脾气的急性人

过去有人，共多人众坐于屋中，叹一外人德行极好，唯有二过：一者喜瞋，二者作事仓卒。尔时，此人过在门外，闻作是语，便生瞋恚，即入其室，擒彼道己过恶之人，以手打扑。傍人问言："何故打也？"其人答言："我曾何时喜瞋仓卒？而此人者，道我恒喜瞋恚，作事仓卒，是故打之。”傍人语言：“汝今喜瞋仓卒之相即时现验，云何讳之！”

——《百喻经》卷上

公主吃药暴长

昔有国王，产生一女。唤医语言：“为我与药，立使长大。”医师答言：“我与良药，能使即大；但今卒无①，方须求索；比得药顷，王要莫看；待与药已，然后示王②。”于是即便远方取药。经十二年，得药来还，与女令服，将③示于王。王见欢喜，即自念言：“实是良医，与我女药，能令卒长。”便敕左右，赐以珍宝。时诸人等笑王无智：“不晓筹量生来年月，见其长大，谓是药力。”

——《百喻经》卷上

【注释】

①卒无：急促之间没有。②这里几句意思是说：在寻到药之前，让国王不要和女儿见面。③将：率领、带着。

甘蔗汁浇甘蔗田

昔有二人，共种甘蔗而作誓言："种好者赏；其不好者，当重罚之。"时二人中，一者念言："甘蔗极甜。若压取汁，还灌甘蔗树，甘美必甚，得胜于彼。"即压甘蔗取汁用溉。冀望滋味，返[1]败种子，所有甘蔗，一切都失。

——《百喻经》卷上

【注释】

①返：这里同"反"。返败种子：反而坏了种子。

讨　债

往[1]有商人，贷他[2]半钱，久不得偿，即便往债[3]。前有大河，雇他两钱，然后得渡。到彼往债，竟不得见[4]。来还渡河，复雇两钱。为半钱债而失四钱；兼有道路疲劳乏困：所债甚少，所失极多，果被众人之所怪笑。

——《百喻经》卷上

【注释】

①往：昔日、从前。②贷：借给。他：别人，指某一人。③债：这里是讨债的意思。④竟不得见：指没有见到那个欠债的人。

悬骆驼上楼剥皮

昔有一人，贫穷困苦，为王作事，日月经久，身体羸瘦。王见怜愍，赐一死驼。贫人得已，即便剥皮。嫌刀钝故，求石欲磨。乃于楼上得一磨石，磨刀令利，来下而剥。如是数数往来磨刀。后转劳苦，惮不能数上，悬驼上楼，就石磨刀。深为众人之所嗤笑。

——《百喻经》卷上

画水求盂

昔有人乘船渡海，失一银钎①，堕于水中。即便思念："我今画水作记，舍之而去；后当取之。"行经二月，到师子诸国②，见一河水，便入其中，觅本失钎。诸人问言："欲何所作？"答言："我先失钎，今欲觅取。"问言："于何处失？"答言："初入海失。"

又复问言："失经几时？"言："失来二月。"问言："失来二月，云何此觅③？"答言："我失钎时，画水作记。本所画水与此无异，是故觅之。"又复问言："水虽不别，汝昔失时乃在于彼，今在此觅何由可得！"尔时，众人无不大笑。

——《百喻经》卷上

【注释】

①钎：钵盂。②师子诸国：指远方外国。师子：即狮子。狮子国：锡兰岛古国名。③此：兼指此时、此地。云何此觅：犹如说如何这个时候在这个地方寻找。

【按】

这个寓言，和中国战国时《吕氏春秋》所载"刻舟求剑"的形式和意义都相同。小不同者：一为失剑，一为失盂；一为刻舟，一为画水。

剜肉补肉

昔有一人，说王过罪而作是言："王甚暴虐，治政无理。"王闻是语，即大瞋恚，竟不究悉谁作此语，信傍佞人，捉一贤臣，仰使剥脊，取百两肉。有人证明，此无是语。王心便悔，索千两肉，用为补脊。夜中呻唤，甚大苦恼。王闻其声，问言："何以苦恼？取汝百两，十倍与汝，意不足耶？何故苦恼？"傍人答言："大王！如截子头，虽得千头，不免子死。虽十倍得肉，不免苦痛。"

——《百喻经》卷上

杀子求子

往昔世时，有妇女人，始有一子，更欲求子。问余妇女："谁有能使我重有子？"有一老母语此妇言："我能使尔求子可得，当须祀天。"问老母言："祀须何物？"老母语言："杀汝之子，取血祀天，必得多子。"时此妇女便随彼语，欲杀其子。傍有智人，嗤笑骂詈："愚痴无智，乃至如此！未生子者竟可得不——而杀现子？"

——《百喻经》卷上

炒芝麻下种

昔有愚人，生食胡麻子[①]以为不美，熬[②]而食之为美。便生念言：“不如熬而种之，后得美者。”便熬而种之。永无生理。

——《百喻经》卷上

【注释】

①胡麻：芝麻。②熬：煎炒。

模仿国王眨巴眼

昔有一人，欲得王意，问余人言：“云何得之？”有人语言：“若欲得王意者，王之形相，汝当效之。”此人即便往至王所，见王眼瞤[①]，便效王瞤。王问之言：“汝为病耶？为著风耶？何以眼瞤？”其人答王：“我不病眼，亦不著风。欲得王意，见王眼瞤，故效王也。”王闻是语，即大瞋恚，即便使人种种加害，摈令出国。

——《百喻经》卷上

【注释】

①眼瞤：一般说眼跳，这里指眨巴眼。

给老婆换鼻梁

昔有一人，其妇端正，唯其鼻丑。其人出外，见他妇女，面貌端正，其鼻甚好。便作念言："我今宁可截取其鼻，著我妇面上，不亦好乎？"即截他妇鼻，持来归家，急唤其妇："汝速出来，与汝好鼻。"其妇出来，即割其鼻；寻[1]以他鼻著妇面上。既不相著，复失其鼻，唐[2]使其妇受大苦痛。

——《百喻经》卷上

【注释】

①寻：顷刻之间、立即。②唐：徒然、枉然、白费。

牧 羊 人

昔有一人，巧于牧羊，其羊滋多，乃有千万。极大悭贪，不肯外用。时有一人，善于巧诈，便作方便，往共亲友，而语之言："我今共汝，极成亲爱，便为一体，更无有异。我知彼家有一好女，当为汝求，可用为妇。”牧羊之人闻之欢喜，便大与羊及诸财物。其人复言：“汝妇今日已生一子。”牧羊之人未见于妇，闻其已生，心大欢喜，重与彼物。其人后复而语之言：“汝儿生已，今死矣。”牧羊之人闻此人语，便大啼泣，嘘欷不已。

——《百喻经》卷上

驴造陶器

昔有婆罗门师欲作大会，语弟子言：“我须瓦器[①]以供会用。汝可为我雇倩瓦师[②]，诣市觅之。”时彼弟子往瓦师家。时有一人，驴负瓦器，至市欲卖。须臾之间，驴尽破之。还来家中，啼哭懊恼。弟子见已，而问之言：“何以悲叹懊恼如是？”其人答言：“我为方便，勤苦积年，始得成器，诣市欲卖。此弊恶驴，须臾之顷，尽破我器，是故懊恼。”尔时，弟子见闻是已，欢喜念言：“此驴乃是佳物，久时所作，须臾能破。我今当买此驴。”瓦师欢喜，即便卖与。乘来归家。师问之言：“汝何以不得瓦师将来[③]，用是驴为[④]？”弟子答言：“此驴胜于瓦师，瓦师久时所作瓦器，少时能破。”时师语言：“汝大愚痴，无有智慧！此驴今者适可能破；假使百年，不能成一[⑤]。”

——《百喻经》卷上

【注释】

①瓦器：用黏土烧制的器物、陶器。②瓦师：烧制陶器的工人、技师。③将：率领、陪同。不得瓦师将来，犹如说，找不着瓦师陪了来。④用是驴为：犹如说，要这匹驴子干什么。⑤这里意思说，驴子片刻间能够毁坏很多陶器，可是即使一百年它也做不出一个。

缩地送水

昔有一聚落[①]，去王城五由旬[②]，村中有好美水。王敕村人，常使日日送其美水。村人疲苦，悉欲移避，远此村去[③]。时彼村主语诸人言："汝等莫去。我当为汝白王，改五由旬作三由旬，使汝得近[④]，往来不疲。"即往白王。王为改之，作三由旬。众人闻已，便大欢喜。有人语言："此故是本五由旬，更无有异。"虽闻此言，信王语故，终不肯舍。

——《百喻经》卷上

【注释】

①聚落：居民集中点、村落。②去：距离。王城，指首都。由旬：梵语音译，指距离（原指行军距离）远近，有不同计算：一

种，上由旬六十里，中由旬五十里，下由旬四十里；一种，上由旬八十里，中由旬六十里，下由旬四十里。因为路途中有山川险夷的不同，所以有上中下之分。③远此村去：远离此村他去的意思。④得近：意思说，由五变三，路改近了。

仙　眼

昔有一人，入山学道，得五通仙[①]。天眼[②]彻视，能见地中一切伏藏[③]、种种珍宝。国王闻之，心大欢喜，便语臣言："云何得使此人常在我国，不余处去，使我藏中得多珍宝？"有一愚臣，辄便往至，挑[④]仙人双眼，持来白王："臣以[⑤]挑眼，更不得去，常住是国。"王语臣言："所以贪得仙人住者，能见地中一切伏藏。汝今毁眼，何所复任[⑥]？"

——《百喻经》卷上

【注释】

①五通：佛教指所谓五种神通。说法不一，都是神话。②天眼：佛教说一般人看东西的是肉眼，有道行的人看东西是天眼。天眼看东西，能看穿一切障碍。③伏藏：地底下埋藏的珍宝。

④挑：这里指剜、剔去这一动作。⑤以：这里同“已”。⑥何所复任：还能有什么用。

失一牛杀群牛

昔有一人，有二百五十头牛，常驱逐水草，随时喂食。时有一虎，啖食一牛。尔时，牛主即作念言：“已失一牛，俱不全足，用是牛为！”即便驱至深坑高岸，排著坑底，尽皆杀之。

——《百喻经》卷上

秃不治秃

昔有一人，头上无毛：冬则大寒；夏则患热，兼为蚊虻之所唼①食。昼夜受恼，甚以为苦。有一医师，多诸方术②。时彼秃人，往至其所，语其医言：“唯愿大师为我治之！”时彼医师，亦复头秃，即便脱帽示之，而语之言：“我亦患之，以为痛苦。若令我治能得差者，应先自治，以除其患。”

——《百喻经》卷上

【注释】

①唼：鱼鸟虫类的啄咬。②方术：方法。这里指药方。

最后半饼解饥

有人因其饥故，食七枚煎饼。食六枚半已，便得饱满。其人恚悔，以手自打而作是言："我今饱足，由此半饼；然前六饼，唐自捐弃。设知半饼能充足者，应先食之。"

——《百喻经》卷上

学鸳鸯叫

昔外国节法庆之日，一切妇女，尽持优钵罗华[①]以为鬘饰。有一贫人，其妇语言："尔若能得优钵罗华来用与我，为尔作妻；若不能得，我舍尔去。"其夫先来常善能作鸳鸯之鸣；即入王池，作鸳鸯鸣；偷优钵罗华。时守池者而作是问："池中者谁？"而此贫人失口答言："我是鸳鸯！"守者捉得，将诣王所。而于中道，复更和声，作鸳鸯鸣。守池者言："尔先不作，今作何益！"

——《百喻经》卷上

【注释】

①华：这里同"花"。优钵罗花：略同荷花。佛教说，优钵罗一定在四月初八日开花，结子好像金色佛像，这是神话。

治驼背

有人卒患脊偻[1]，请医疗治。医以酥涂，上下著板，用力痛压。不觉双目一时并出。

——《百喻经》卷上

【注释】

①脊偻：背脊弯屈、驼背。

【按】

中国明代江盈科《雪涛小说·催科》篇中写一故事，文云："昔有医人，自媒能治背驼，曰：'如弓者，如虾者，如曲环者，延吾治，可朝治而夕如矢。'一人信焉，而使治驼。乃索板二片：以一置地下，卧驼者其上；又以一压焉。而即踩焉。驼者随直，亦复随死。其子欲鸣诸官。医人曰：‘我业治驼。但管人直，那管人死。’”很大可能是以佛经中这个故事为蓝本的。

一 婢 五 主

五人共买一婢。其中一人，语此婢言：“与我浣衣。”次有一人，复语“浣衣”。婢语次者：“先与其浣。”后者恚曰：“我共前人同买于汝，云何独尔？”即鞭十下。如是，五人各打十下。

——《百喻经》卷下

悦耳的声音

伎儿王前作乐，王许千钱。后从王索，王不与之。王语之言：“汝向作乐，空乐我耳；我与汝钱，亦乐汝耳。”

——《百喻经》卷下

平分遗产

昔摩罗国有一刹利[①]，得病极重，必知定死，诫敕二子：“我死之后，善分财物。”二子随教，于其死后，分作二分。兄言弟分不平。尔时，有一愚老人言：“教汝分物，便得平等：现所有物，破作二分。云何破之？所谓衣裳中割作二分，槃[②]瓶亦复中破作二分，所有瓫瓨[③]亦破作二分，钱亦破作二分。”如是，一切所有财物，尽皆破之而作二分。如是分物，人所嗤笑。

——《百喻经》卷下

【注释】

①刹利：梵文地主的音译。②槃：同“盘”。③瓫：同“盆”。瓨：同“缸”。

吃山鸡治病

昔有一人，病患委笃[①]。良医占之云：“须恒食一种雉肉，可得愈病。”而此病者，市得一雉，食之已尽，更不复食。医于后时，见便问之："汝病愈未？"病者答言："医先教我恒食雉肉，是故今者食一雉已尽，更不敢食。"医复语言："若前雉已尽，何不更食？汝今云何止食一雉，望得愈病？"

——《百喻经》卷下

【注释】

①委笃：病患痛苦而沉重的形容词。

门里鬼和门外鬼

昔有故屋，人谓此室常有恶鬼，皆悉怖畏，不敢寝息。时有一人，自谓大胆，而作是言："我欲入此室中，寄卧一宿。"即入宿止。后有一人，自谓胆勇胜于前人；复闻傍人言"此室中恒有恶鬼"，即欲入中。排门[①]将前。时先入者谓其是鬼，即复推门，遮[②]不听前。在后来者复谓有鬼，二人斗诤，遂至天明。既相睹已，方知非鬼。

——《百喻经》卷下

【注释】

①排门：推门。②遮：拦挡。

深通行船法的人

昔有大长者子，共诸商人，入海采宝。此长者子善诵入海捉船[①]方法：若入海水漩洑洄流矶激[②]之处，当如是捉、如是正、如是住[③]。语众人言："入海方法，我悉知之。"众人闻已，深信其语。既至海中，未经几时，船师遇病，忽然便死。时长者子即便代处[④]。至洄洑驶流[⑤]之中，唱言[⑥]"当如是捉、如是正"。船盘迴旋转，不能前进至于宝所，举船商人没水而死。

——《百喻经》卷下

【注释】

①捉船：驾船，指掌舵。②漩洑洄流：指急水旋涡。矶激：有礁石急水之处。③正：指船行时舵直。住：指停船。④代处：代理那个职务。⑤驶流：急水。⑥唱言：高声叫喊。

夫妻赌饼

昔有夫妇，有三番饼[①]。夫妇共分，各食一饼；余一番在。共作要[2]言："若有语者，要不与饼。"既作要已，为一饼故，各不敢语。须臾，有贼入家偷盗，取其财物，一切所有，尽毕贼手。夫妇二人以先要故，眼看不语。贼见不语，即其夫前，侵略[3]其妇。其夫眼见，亦复不语。妇便唤"贼"。语其夫言："云何痴人，为一饼故，见贼不唤？"其夫拍手笑言："咄，婢[4]！我定得饼，不复与尔。"世人闻之，无不嗤笑。

——《百喻经》卷下

【注释】

①番：个。三番饼：三个饼。②要：定约、打赌。③侵略：这里指对女性的侮辱行为。④婢：骂女性的话，犹如说丫头。

买　果

昔有一长者，遣人持钱至他园中，买庵婆罗果[1]而欲食之。而敕之言："好甜美者汝当买来。"即便持钱往买其果。果主言："我此树果悉皆美好，无一恶者。汝尝一果，足以知之。"买果者言："我今当一一尝之，然后当取；若但尝一，何以可知。"寻即取果，一一皆尝，持来归家。长者见已，恶而不食，便一切都弃。

——《百喻经》卷下

【注释】

①庵婆罗：梵文音译，也作庵摩罗、庵摩勒、庵没罗，省作庵罗，产于南亚的一种近似梨子的果实。

马　　尾

昔有一人，骑一黑马，入阵击贼。以其怖故，不能战斗，便以血污涂其面目，诈现死相，卧死人中。其所乘马，为他所夺。军众既去，便欲还家，即截他人白马尾来。既到舍已，有人问言："汝所乘马，今为所在？何以不乘？"答言："我马已死，遂持尾来。"傍人语言："汝马本黑，尾何以白？"默然无对，为人所笑。

——《百喻经》卷下

骆驼头入瓮中

昔有一人，先瓮中盛谷。骆驼入头瓮中食谷，复不得出。既不得出，以为忧恼。有一老人来语之言："汝莫愁也，我教汝出；汝用我语，必得速出。汝当斩头，自得出之。”即用其语，以刀斩头。既复杀驼，而复破瓮。如此痴人，世间所笑。

——《百喻经》卷下

坐轿播种

昔有野人，来至田里，见好麦苗，生长郁茂。问麦主言：“云何能令是麦茂好？”其主答言：“平治其地，兼加粪水，故得如是。”彼人即便依法用之：即以水粪，调和其田；下种于地。畏其自脚蹈地令坚，其麦不生。“我当坐一床上，使人舆之[①]，于上散种，尔乃好耳。”即使四人，人擎一脚[②]，至田散种；地坚愈甚。为人嗤笑：恐己二足，更增八足。

——《百喻经》卷下

【注释】

①床：这里指的椅子之类的坐具。舆：抬。②这里的脚，指床（椅子）的脚。

剜眼防疼

昔有一女人，极患眼痛。有知识女人问言：“汝眼痛耶？”答言：“眼痛。”彼女复言：“有眼必痛。我虽未痛，并欲挑眼[1]，恐其后痛。”傍人语言：“眼若在者，或痛、不痛；眼若无者，终身长痛。”

——《百喻经》卷下

【注释】

①挑眼：这里是剜去眼球的意思。

猴子拾豆

昔有一猕猴，持一把豆，误落一豆在地。便舍手中豆，欲觅其一。未得一豆；先所舍者鸡鸭食尽。

——《百喻经》卷下

雌雄二鸽

昔有雄雌二鸽，共同一巢。秋果熟时，取果满巢。于其后时，果干减少，唯半巢在。雄瞋雌言："取果勤苦。汝独食之，唯有半在！"雌鸽答言："我不独食，果自减少。"雄鸽不信，瞋恚而言："非汝独食，何由减少？"即便以觜啄雌鸽杀。未经几日，天降大雨，果得湿润，还复如故。雄鸽见已，方生悔恨："彼实不食，我妄杀他。"即悲鸣命唤雌鸽："汝何处去？"

——《百喻经》卷下

《佛说兴起行经》

老财请医

往昔久远世，于罗悦祇城中，有一长者子，得热病甚困。其城中有一大医子①，别识诸药，能治众病。长者子呼此医子曰："为我治病，愈，大②与卿财宝。"医子即治长者子病，得差。既差之后，不报其功。长者子于后复病，复命治之。差，不答劳。如此至三，不报如前。后复得病，续唤治之。医子念曰："前已三差，而不见报。"长者子曰："卿前后治我，未得相报。今好治我，差，当并报。"医子念曰："见欺如此，至三，为诳小儿。我今治此，当令命断。"即便与非药③，病遂增剧，便致无常④。

——《佛说兴起行经·骨节烦疼因缘经》*

---

* 《佛说兴起行经》，一名《严诚宿缘经》。旧题"后汉·（外国）康孟详译"。

【注释】

①医子：医生。②大：多多地。③非药：不对症、与病有害的药。④无常：佛教徒对一般人死亡的代词。

两个大力士摔跤

往昔久远世时，于罗阅祇时大节日聚会。时国中有两姓力士：一姓，刹帝利种；一姓，婆罗门种。亦来在会。时两力士共相扑[①]。婆罗门力士语刹帝利力士曰："卿莫扑我，我当大与卿钱宝。"刹帝利便不尽力戏，令其屈伏也，二人俱得称，皆受王赏。婆罗门力士竟不报刹帝利力士所许。到后节日，复来聚会相扑，婆罗门力士复求首刹帝利力士，如前相许；刹帝利力士复饶不扑；得赏如上，复不相报。如是至三。后节复会，婆罗门力士重语刹帝利力士曰："前后所许，当一时并报。"刹帝利力士心念曰："此人数欺我。既不报我，又侵我分[②]。我今日当使其消是[③]。"刹帝利便干笑语曰："卿诳我满三[④]，今不复用卿物！"便右手捺项，左手捉裤腰，两手蹙之，挫折其脊，如折甘蔗。擎之三旋，使众人见，然后扑地。堕地即死。王及群臣皆大欢喜，赐金钱十万[⑤]。

——《佛说兴起行经·背痛宿缘经》

【注释】

①相扑：摔跤。②又侵我分（fèn）：指原可一人独得的彩物，却被别人分了一半。③消是：于此送命的意思。④世界上有许多地方，都流传着事不过三的古语。满三，指诳语已满了三次，绝不再相信这第四次了。⑤古时摔跤，以使对手受伤程度的重轻，决定胜利的大小；置对手于死，是无须抵偿的最大胜利。

《杂譬喻经》（后汉）

群猴跳海

昔者，海边有树木数十里，中有猕猴五百余头。时海水上有聚沫，高数十丈，象如雪山，随潮而来，住于岸边。诸猕猴见，自相与语：“吾等上是山头，东西游戏，不亦乐乎？”时一猕猴便上，头径下没水底。众猕猴见，怪久不出，谓“乐山”中快乐无极，是以不来。皆竞踊跳入沫聚中，一时溺死。

——《杂譬喻经》*

---

* 《杂譬喻经》，旧题“失译人名，出后汉录”。此与“比丘道略集”的《杂譬喻经》不是一书。

【附一】

昔时有二猕猴王，各主五百猕猴。一王起嫉妒意，欲杀一王，规图独治。便往共斗。数数不如。羞惭退去，到大海边。海曲之中有水聚沫，风吹积聚高数百丈。猕猴王愚痴，谓是雪山，语群辈言：“久闻海中有大雪山，其中快乐，甘果恣口。今日乃见。吾当先到往行看视。若审乐者，不能复还；若不乐者，当来语汝。”于是上树，尽力跳腾，投聚沫中，溺没海底。余者怪之，不出，谓必大乐，一一投中，断群溺死。

——《法句譬喻经·地狱品》

【附二】

猿猴在高山顶，见云弥布，以为坚实，谓为是地，便以身投，堕百丈岩，丧其身命，一切碎灭。

——《说法经》

瓮中人影

昔有长者子，新迎妇，甚相爱敬。夫语妇言：“卿入厨中，取葡萄酒来共饮之。”妇往，开瓮，自见身影在此瓮中，谓更有女人，大恚。还语夫言：“汝自有妇，藏著瓮中，复迎我为？”夫自入厨视之，开瓮，见己身影，遂恚其妇，谓藏男子。二人更相忿恚，各自呼为实。有一梵志，与此长者子素情亲厚，过与相见。夫妇暗问其所由。复往视之，亦见身影，恚恨长者："自有亲厚藏瓮中，而佯共斗乎？"便即舍去。复有一比丘尼，长者所奉，闻其所诤如是，便往视，瓮中有比丘尼，亦恚舍去。须臾，有道人，亦往视之，知为是影耳，喟然叹曰："世人愚惑，以空为实也。"呼妇共入视之。道人曰："吾当为汝出瓮中人。"取一大石，打坏瓮，酒尽，了无所有。二人意解，知定身影，各怀惭愧。

——《杂譬喻经》

狐见狮子

狐行鼷鼠之群，自谓雄于师子。及其见也，则魂亡魄散。

——《三藏法师传》* 卷四

* 《三藏法师传》，全名原为《大唐大慈恩寺三藏法师传》。旧题“唐·慧立本，彦悰笺”。

《法苑珠林》

野狐饮水

有一婆罗门，于旷野中造立义井[1]，为放牧行者，皆就井饮，并及洗浴。时日向暮，有群野干来趣井[2]，饮地残水。有野干主[3]，不饮地水，便内头罐中[4]饮水。饮已，戴罐，高举扑破瓦罐，罐口犹贯其项[5]。诸野干辈，语野干主："若湿树叶可用者，常当护之。况复此罐，利益行人，云何打破？"野干主言："我作是乐。但当快心，那知他事！"时有行人语婆罗门："汝罐已破。"复更着之。犹如前法，为野干所破，乃至十四。诸野干辈，数数谏之，犹不受语。时婆罗门便自念言："是谁破罐，当往伺之。"正是野干。便作是念："我福德井[6]，而作留难？"便作木罐，坚固难破，令头易入难出；持着井边；然后捉杖屏处伺之。行人饮讫；野干主如前入饮，饮讫，扑地不能令破。时婆罗门，捉杖打煞⑦。

——《法苑珠林》* 卷四十五

【注释】

①义井：公共饮用的井，一般都是私家掘建。②野干：兽名，梵语悉伽罗的音译，似狐而小，夜鸣如狼。来趣井：向井走来。③野干主：野干的头头。④内：这里同“纳”。内头罐中，把头钻在水罐里。⑤这里是说，水罐已破，罐口剩下一个圈子，还套在野干头头的颈项上。⑥佛教徒称公益性的设置为福德。⑦煞：这里同“杀”。

群鸟推王

雪山根底，曲山壅中，有向阳处，众鸟云集。便共议言：“我等今日当推举一鸟为王，令众畏难，不作非法。”众鸟议言：“善！谁应为王？”有一鸟言：“当推鸧鸹①。”有一鸟言：“此事不可！何以故？高脚长颈。众鸟脱犯②，啄我等恼。”众鸟言：“尔③！”

---

* 《法苑珠林》，唐代僧人道世编撰，共一百二十卷，采取前人译经中的故事纂集而成。

复有一鸟言："当推鹅为王。其色绝白，众鸟所敬。"众鸟复言："此亦不可！颜貌虽白，项长且曲。自项不直，安能正他？是故不可。"又复众言："正有孔雀，衣毛彩饰，观者悦目，可应为王。"复言："不可！所以者何？衣毛虽好，而无惭愧；每至舞时，丑形出现。是故不可。"有一鸟言："土枭为王。所以者何？昼则安静，夜则伺守，能护我等，堪为王者。"众咸："可尔。"有一鹦鹉，在一处住，而多智慧，作是念言："众鸟之法：夜应眠息，昼则求食。是土枭法：夜寤，昼则多睡。而诸众鸟，围侍左右，昼夜警宿，不复眠睡，甚为苦事。我今设语④，彼当瞋恚，拔我毛羽；正欲不言，众鸟之类，长夜受困。宁受拔毛，不越正理。"便到众鸟前，举翅恭敬，白众鸟言："愿听我说——"如前意见。尔时，众鸟即说偈答："黠慧广知义，不必以年耆，汝年虽幼小，智者宜时说。"尔时，鹦鹉闻众鸟说，即说偈言："若从我意者，不用土枭王。欢喜时睹面，常令众鸟怖；况复瞋恚时，其面不可观。"时众鸟咸言："实如所说。"即共集议："此鹦鹉鸟，聪明黠慧，堪应为王。"便拜为王。

——《法苑珠林》卷五十一

【注释】

①鸧鸹：白顶鹤。②脱：假如、倘使。犯：触犯、招惹。③尔：这里是表示同意、果然如此的意思。④设语：假如说了出来。

双雁衔龟

水边有二雁与一龟，共结亲友。后时，池水涸竭，二雁作是议言："今此池水涸竭，亲友必受大苦。"议已，语龟言："此池水涸竭，汝无济理[1]，可衔一木；我等各衔一头：将汝着[2]大水处。衔木之时，慎不可语！"即便衔之。经过聚落，诸小儿见，皆言："雁衔龟去！雁衔龟去！"龟即瞋言："何预汝事[3]！"即便失木，堕地而死。

——《法苑珠林》卷八十二

【注释】

①济：指存活。汝无济理：犹如说你没有存活下去的可能。②着：放在。③何预汝事：与你有什么相干。

【附】

昔有鳖，遭遇枯旱，湖泽干竭，不能自到有食之地。时有大鹤，集往其边。鳖从求哀，乞相济度。鹤遂衔之。飞过都邑上，鳖不默声，问："此何等？"如是不止。鹤便应之。口开，鳖乃堕地，人得屠裂食之。

——《旧杂譬喻经》

《大集地藏十轮经》

驴蒙狮皮

有驴被师子皮，而便自谓，以为师子。有人遥见，谓真师子。及至鸣已，皆识是驴。

——《大集地藏十轮经》卷七据《喻林》* 卷十二引

【附】

师子皮被驴，虽形似师子，而心是驴。

——《众经撰杂譬喻》卷上

---

* 《喻林》，明徐元太撰。一部杂有一般譬喻的寓言结集，其中有佛经寓言专卷。

奶汁的颜色

生盲人不识乳色，便问他言:“乳色何似？”他人答言:“乳色白如贝。”盲人复问:“是乳色者，如贝声邪？”答言:“不也！”复问:“贝为何似邪？”答言:“如稻米味。”盲人复问:“乳色柔软，如稻米味邪？稻米味者，复何所似？”答曰:“如雪。”盲人复言:“彼米味者，冷如雪邪？雪复何似？”答言:“犹如白鹤。”是生盲人虽闻如是譬喻，终不能得识乳真色。

——《元阳妙经》卷二据《喻林》卷六十引

【按】

宋苏轼集中有《日喻》一文，脱胎于此。

巧　工

时第二工巧者，转行至他国。应时国王喜诸技术。即以材木作机关木人，形貌端正，生人无异。衣服颜色，黠慧无比；能工歌舞，举动如人。辞言我子，生若干年。国中恭敬，多所馈遗。国王闻之，命使作技，王及夫人升阁而观。作伎歌舞，若干方便①，跪拜进止，胜于生人。王及夫人欢喜无量。便角睑眼②，色视夫人。王遥见之，心怀忿怒，促敕侍者斩其头来："何以睑眼，视吾夫人？"谓有恶意，色视不疑。其父啼泣，泪出五行，长跪请命："吾有一子，甚重爱之。坐起敬退，以解忧思。愚意不及，有是失耳。假使杀者，我共当死。唯以加哀，原其罪亹③。"时王恚甚，不肯听之。复白王言："若不活者，愿自手杀，勿使余人。"王便可之。则拔一肩楔[④]，机关解落，散碎在地。王乃惊愕："吾身云何瞋于材木！此人工巧，天下无双，作此机关，三百六十节，胜于生人。"即以赏赐亿万两黄金。

——《佛说生经》* 卷三

【注释】

①方便：这里指种种动作。② 瞻眼：瞟目邪视。③罪亹：罪过。亹（mén），疑当舋（xìn）。④楔榍（xiē），同"楔"，片状的木销，插入接榫处起加固作用。

【按】

我国旧题周列御寇撰《列子》中有一篇，文云："周穆王西巡狩，越昆仑，不至弇山，返还。未及中国，道有献工人，名偃师。穆王荐（进）之。问曰：'若有何能？' 偃师曰：'臣唯命所试。然臣已有所造，愿王先观之。'穆王曰：'日以俱来，吾与若俱观之。'翌日，偃师谒见王。王荐之，曰：'若与偕来者，何人邪？' 对曰：'臣之所造能倡者。'穆王惊视之，趋步俯仰，信人也。巧夫领其颐，则歌合律；捧其手，则舞应节：千变万化，惟意所适。王以为实人也，与盛姬内御并观之。技将终，倡者瞬其目而招王之

* 《佛说生经》，经名，五卷，西晋竺法护译。说佛及弟子之种种本事本生。

左右侍妾。王大怒，立欲诛偃师。偃师大慑，立剖散倡者以示王，皆傅会革、木、胶、漆，白、黑、丹、青之所为。王谛料之，内则肝、胆、心、肺、脾、肾、肠、胃；外则筋、骨、支、节、皮、毛、齿、发；皆假物也，而无不毕具者。合会，复如初见。王试废其心，则口不能言；废其肝，则目不能视；废其肾，则足不能步。穆王始悦而叹曰：'人之巧，乃可与造化者同功乎？'诏贰车载之以归。"（文见《列子·汤问篇》）汉刘向所作《列子序》说："列子者，郑人也。与郑穆公同时。"而《列子》的辑注者、晋人张湛的序说，《列子》一书，"所明往往与佛经相参"。郑穆公公元前六七百年在位，时间上比佛教传入中国早数百年；若是《列子》作者年代真如刘向所说，怎么可能"与佛经相参"呢？历来研究者，有许多认为《列子》系托名的"伪书"，通过上面的佛经和《列子》两篇故事的对照，我们可以看出，所谓"与佛经相参"，乃是《列子》有承袭佛经之处，不但在思想上，而且在形式上也直接加以模仿。这一点，完全可以证明《列子》系晋人所作，至少部分是晋人所作的。

马和驴

昔有驴一疋[①]，其主恒令与马相随饮食，行来常与马俱。马行百里，亦行百里；马行千里，亦行千里；衣毛鸣呼，与马相似。后时，与驴相随饮食，行来与驴共侣。驴行百里，亦行百里；驴行千里，亦行千里；毛衣头躯，悉为似驴；鸣呼唉痾[2]，纯为是驴：遂至老死，不复作马。

——《佛说生经》卷五据《喻林》卷九十一引

【注释】

①疋：同“匹”。②唉：应答的声音。痾：病。

《大方等大集经》

烈火斗干柴

猛火与诸干薪，结期七日，当大战斗。尔时，一切干树、草木、种种枝叶，悉共聚合，如须弥山[①]。尔时，猛火有一亲友，而语之言："汝今何故不自庄严[②]？多有救援，助彼薪众；汝唯一己，何能当之？"时火答言："彼怨[③]虽多，我力能敌，不须伴侻[④]。"

——《大方等大集经》卷九据《喻林》卷一百一十四引

【注释】

①须弥山：喜马拉雅山，也被叫作雪山。佛经中常以须弥山形容高大。②庄严：这里指准备、戒备。③怨：这里指敌人。④伴侻：即伴党。

《长者音悦经》

秃鹫唱歌

有鸟名曰鸱枭，来在宫上。看见鹦鹉，独得优宠。即问鹦鹉："何缘致此？"鹦鹉答言："我来宫上，悲鸣殊好。国王爱敬于我，取我常着左右。五色珠玑，璎珞我身。"鸱枭闻之，怀嫉妒心，即念言："我亦当鸣，令殊于卿，国王亦当爱宠我身。"王时出卧，鸱枭即鸣。王即惊觉，愓然毛竖[①]，如畏怖状。王问左右："此为何声——惊动怖我？"侍者白言："有恶声鸟，名日鸱枭。"王即恚曰："促遣大众，分布推索[②]！"即得[③]与王。王令左右，生拔毛羽。举身大痛，步行而去，到其野田，众鸟问言："何缘置此？"鸱枭瞋恚，不责己身，答众鸟言："正坐鹦鹉故[④]得此患。"

——《长者音悦经》卷二据《喻林》引

【注释】

①慉（sè）然，发瘆（渗）。毛竖：形容发瘆时汗毛都站起来了的样子。②分布推索：分散在各方面进行搜寻。③得：指捉到了。④坐：因为、由于。坐鹦鹉故：由于鹦鹉的缘故。

《玉清经》

鱼目充珠

劫初之时，有建木乡人，入于山南，炫卖真珠。时有山东商人，姓颇罗堕，名曰满愿。出库百金，买得一珠，圆明曜掌，大径一寸，囊肘[①]自随，不令他见。数旬之间，忽有山南一人，名曰雷诘，伪卖鱼目。满愿西邻寿量之家，亦出百金，买得鱼目。亦以怀藏，不令他见。劫后六年，二家恶疾，祈得明师，来疗此病；和合药分[②]，须好真珠。尔时二人，各出真珠，以阅[③]明师；师遥见之，悬知后人[④]买得鱼目。师即语言："此非真珠。"寿量狐疑，恐师行诳，请师水之[⑤]，浸经一宿，合器腥臭。真珠入水，弥益光明，九日出之，引长[⑥]六寸，满愿服之，所苦立愈。

——《玉清经》据《喻林》卷十二引

【注释】

①囊肘：指装在囊中，悬于肘下。秘密收藏，不让别人知道的意思。②和合药分：配药。③阅：给别人看。这里义同“示”。④悬知：想象到。后人：这里指文中的寿量。⑤水之：用水来试验。⑥引长：指光亮程度。

【按】

“鱼目混珠”这个成语，在我国为人所熟知。从汉以来，诗文经常引用。但都只作为一般譬喻，却没有佛经寓言里这样具体的故事情节。